马悠悠

家里的老二，姐姐取名乔治
爱好：钢琴
特点：皮猴，心眼多
取名原因：爸爸看见了马友友的大提琴演出海报

小熊 QQ 糖

兔妈，本名陈熠
职业：母婴博主、家庭 CEO
特点：爱臭美

马丁

兔爸，家里的人生导师
职业：主持人
特点：嘴甜

马琪朵

小名兔兔，人称兔姐
爱好：唱歌、画画
特点：爱吃醋，刀子嘴豆腐心
取名原因：妈妈爱喝咖啡，觉得焦糖玛奇朵这个名字很好听

徐大夫

奶奶，人称时髦徐老太
职业：妇产科医生、不孕不育专家
特点：能经得住两个娃的折腾，偶尔也会被气出高血压

目录

第三章

育儿合伙人如何合作？ 097 Part 3

Part 4 第四章

育儿合伙人如何分工？ 133

序言一　合伙育儿可以怎样来深入思考?

——让“如其所是”与“如其所愿”相拥而舞

陈建翔

看完马丁和小熊QQ糖合著的《育儿合伙人》，首先感觉“育儿合伙人”这个提法挺有意思！可不是嘛，为人父母，养育子女，无一例外都应该是“育儿合伙人”。“合伙人”能不能“合”得起来，能不能“合”到一定境界，对孩子的成长和家庭幸福影响极大。“育儿合伙人”这个概念对中国广大年轻父母会有很大启发。

本书的特色是由父母双方合作，共同以第一人称来讲述自己与孩子一起成长的故事。内容清新，情节有趣，情感真挚，讲述细腻，娓娓道来，其中包含了不少新颖别致的思想，如“找回你自己”“先成为自己，再成为妈妈”“让孩子在玩中受教”“比心手势”“给孩子留下讲条件的空间”“说谎，其实并不可怕”“把选择权交给孩子”“为每个孩子定制专属时光”“独处，最好的专属时光”……这些观念和方法，都是有益而有趣的。

书中提出了一个很重要的观点："爱是如其所是，不是如你所愿"。这是有一定深度的，非常重要。我们不妨沿着这个观点前行，继续探讨一下"合伙育儿，可以怎样来思考"这个开放的话题。

一、教育首先要问：人性的"如其所是"与"如其所愿"是怎样的?

教育是针对人性开展的工作，而教育者本身也是具有人性的，做家庭教育不能不基于人性，不能不懂人性。当下家庭教育最大的问题，就是对人性的误解误导，造成家长与孩子们"人性自小""人性自闭"。这样的教育，往往越做越偏、越做越狭隘。在我们看来，每一个家长，每一个孩子，就人性而言，都是玄之又玄、天人合一的，即：都是无限可能性的总和与有限现实性的呈现的叠加态，也就是天性与人性相互作用的叠加态。"玄之又玄"是老子的提法，"玄"的意思是人生宇宙"最大的奥秘"。前一个"玄"指"无名，天地之始"，即人生宇宙不可穷尽、不可限定、不可言状的无限可能性，这就是人性的"如其所是"；后一个"玄"指"有名，万物之母"，即由我们人类社会通过概念、理论、教育约定出来的现实性，这是人性的"如其所愿"。这两个"玄"，即人性的"如其所是"和"如其所愿"总是处在往返流动之中。综合来讲，我们做教育，首先要教孩子们解放天性，做"宇宙学尺度的人"，给孩子们一个独立的、美好的人生宇宙，这是我们首先要了解的。

二、父性：那神秘的、渐行渐远的背影

大约二十年前，我出版了《孩子的爸爸去哪儿了？——父性教育的四堂必修课》一书，讨论了父亲参与儿童成长陪伴与家庭教育的可能性和必要性。这个话题在当时是比较新颖的。现在二十年过去了，中国家庭教育出现了巨大的变化，“父亲”在家庭中的角色问题受到很多关注，“爸爸回家”成为社会的强烈呼声。

世界文化比较学里面有一个有趣的现象，那就是中西文化对“父性”的理解，都共同指向“背影”。西方有一则名言：“孩子是和母亲面对面成长的，而对于父亲，只是看着父亲的背影长大。”在中国，朱自清描写父亲的《背影》脍炙人口。为什么对“父性”的理解都指向“背影”呢？我想这是一个象征，一个包含多种寓意的隐喻。“背影”者，总是背对着自己，而且是渐行渐远的，这表示：1.父亲经常要出发，经常行迹匆匆；2.父亲要去远方，要背井离乡；3.父亲的前程带有许多不确定性；4.父亲的“背”上，是沉甸甸的，承载着全家的希望和期待；5.父亲要做的事情，对于看着父亲渐渐远去的孩子们来说，带有几分朦胧感，几分神秘感；6.父亲“背”着整个家庭，要去拓展越来越大的空间；7.对于父亲和他的使命，

需要用更多的想象力去理解。

“父性教育”是一种浑厚、丰富而深远的人性教育。一般来讲，父亲是敏于行而讷于言的，但这并不意味着父性教育会是逊色的。父性教育是“脊柱的教育”，它意味着坚定、崇高、不向苦难屈服的人格；父性教育是“肩膀的教育”，它意味着要勇挑重担、责无旁贷；父性教育是“脚板的教育”，它意味着满怀信心地上路、向前、脚踏实地，追求诗和远方……

“父性教育”带有鲜明的人性的“如其所是”和“如其所愿”，亦即“说不尽”的无限性与“勉强可以言说”的限定性的叠加态。我赞同“爸爸回家”，爸爸回家之后，应该根据父母不同的角色特点，发挥出各自不可替代的作用。

三、爱可爱非常爱：母爱的“如其所是”和“如其所愿”

书中提出“爱是如其所是，不是如你所愿”。这是很好的思想。什么是爱的“如其所是”？爱的“如其所是”即是爱的本体、本源，这是天地人生的根本，是带我们走向无限性开放人格的爱，它意味着爱应该是一种趋向“忘我”“无我”的行为，而且是言语所不可穷尽的。什么又是爱的“如其（你）所愿”？这是由具体个人的限定性（如“执着”）所驱动的爱，这样的爱体现于现实生活，是需要的，但它如果不被“爱的本体”制约，就容易滑向爱的对立面——恨。

大多数家庭非常重视母爱，赞美母爱。但有时也会出现一些问题："爱"里面安装了计算器，要求孩子提供"回报"；借爱之名对孩子控制；"爱"只体现在物质生活中，不能体现它更重要的方面——给予孩子们充分的精神自由……这都容易导致"因爱生恨"。

爱应该是本质与现象的统一，是"如其所是"与"如其所愿"的统一。如何使二者能够内在融合、相拥而舞，是家长们需要认真思考并通过实践去证悟的。

（陈建翔　教育学博士，北京师范大学教育学部教授，中国人生科学学会家庭教育科学研究院院长，中国关心下一代工作委员会儿童发展研究中心专家委员会委员）

序言二 “合伙育儿”：彰显生命成长的真谛

施钢

生命是个奇迹，因爱而生、伴痛降临。十月怀胎、一朝分娩，需要一生一世的感悟和成长！这是我在大学里面向全体学生开展生命教育时，最后留给学生的我自己对生命的解读。说得接地气一点儿，人们在日常生活中对生命的描述往往用“天作之合”或“爱的结晶”，这里面都透着普通老百姓对生命理解的朴素智慧，生命本就源于夫妻之合。

“人的本质不是单个人所固有的抽象物，在其现实性上，它是一切社会关系的总和。”《马克思恩格斯选集》中的这句话，是马克思对人的定义，从本质上揭示了人的成长和发展需要多层次的合伙与合作。

因此，“合伙育儿”的提法本身就蕴含着育儿的真谛。生命起源于合伙，预示着科学的育儿本就需要夫妻双方的合伙与合作，这是马丁与夫人小熊QQ糖合著的这本《育儿合伙人》的画龙点睛之笔！

我与马丁的相识缘于《向前一步》栏目，他是主持人，我是沟通团成员，也算是工作中的“合伙人”。工作和日常交流中，感觉他是一位有态度同时也很有温度的媒体人。

当接到为夫妻俩新作写序的邀请时，我有点犯怵，但静下心来认真阅读这本书时，却透过书中爸爸、妈妈两个育儿主体叙述的夫妻之间、亲子之间、家庭成员之间的真实互动与成长故事，看到了一个“五口之家”的喜怒哀乐，感觉到夫妻之间、母子之间、父子之间、祖孙之间真挚而自然的血脉之情，这不正是一个生命健康成长的阳光雨露吗？这种新型合伙育儿模式充满智慧与灵感，很多有创意的新玩法让原本充满“苦累、委屈、艰辛”的育儿过程变得轻松有趣起来。

特别是作为心理学工作者，我在这本育儿手记中，读到了浓郁的心理学味道，感觉他们娴熟巧妙地将心理学知识运用到育儿与家庭互动中，是一本理念科学、情感真挚、方法实用的育儿书。

作为一名已有二十多年一线工作经验的高校心理教师，我接触过数万名青年学生和家长，深谙科学的家庭教育对孩子的人格健全、健康成长与和谐发展意义深远。

任何一件事情想要做好，关键在于：道和术都要科学。

育儿之道是方向、是目标，也是基础和根本。我认为家庭教育的“道”就在这个“he”字：首先是“合作”，其次是“和睦”,“合作”+“和睦”就是爱，爱的科学性就是没有条件，把孩子当作一个单纯的生命，无论表现好和坏，听不听话都爱他，这是爱的真谛。也正是这本书当中兼具深度与温度的重要观点："爱是如其所是，不是如你所愿。"

育儿之术在"陪伴"，爸爸妈妈给孩子什么都不如留出时间陪伴孩子重要，这就是书中提到的与孩子"玩起来"。从发展心理学来看，游戏和玩耍对儿童身心发展不但意义重大而且不可替代。这本书最打动我的亮点是有趣的亲子互动故事以及富有仪式感的精心准时刻，这不但要花时间还要用心投入，用心就有真情，真情就能滋养生命！

（施钢　中国农业大学心理素质教育中心主任，中国心理学会临床心理学注册系统注册督导师，北京心理素质教育研究会副会长，中国心理卫生协会理事、中国心理卫生协会大学生心理咨询专业委员会常务委员）

自序一　从我们开始，教会孩子合作

马丁

亲爱的读者，你好！很高兴你拿起了我和我爱人合著的这本书。

在开始阅读之前，我想先简单介绍下我自己。

我叫马丁，我有很多“身份”，是《向前一步》的节目主持人，是《职来职往》里的“毒舌马丁”，《爱情保卫战》里的“爱情导师”，我的演讲《中国式父亲》可能你们也看过。但是我最喜欢的身份是这本书里兔姐口中的臭爸爸，是和皮猴子乔治斗智斗勇的老父亲，是靠嘴甜“俘获”兔妈的胜利者，也是白衣天使徐大夫的粉丝儿子。

感谢孩子的成长，让我在不知不觉间成了奔驰在科学育儿道路上的超级奶爸，而最大的功劳其实要归功于她——

2010年我和兔妈结婚，然后把家庭变成了热闹的四口之家。

我经常说：“生儿育女，人人都会；教育孩子，需要学习！”其实我们两个人在养育两个宝宝的过程中，充满了好奇和疑问，可怕的不是不会，而是不懂，还不学！我的太太，就是我最好的同学和老师。没有人天生就是成功的父母，遇到问题，我们要学会“向生活要答案，向智者要方法”。

女孩子的爱情和婚姻之路，是自己走出来的。从和兔妈相识到结婚的这十几年里，我见证了这个女孩子的成长。从初入职场的新人，到勇敢追爱的恋人，再到傻里傻气的孕妈，产后一度抑郁的“怨妇”，再到现在的家庭CEO，她的智慧，她的勇敢，她的坚持，也促使她成为拥有150万粉丝的母婴博主@小熊QQ糖。

这本书，是我和兔妈第一本关于育儿的手记。里面记录着我们初为父母的变化，合伙养育一双儿女的心得，一些育儿的趣事、糗事，以及一个家庭的育儿理念。同时，我们也分享了很多与孩子斗智斗勇的案例与处理育儿问题的小妙招。

女儿马琪朵曾说：“有房子的地方，不是家。有亲人的地方，才是家。”家，应该是那个最温暖的地方。教育孩子也是一个全家总动员的过程，和睦的家庭环境，是孩子健康成长的必要条件。当然，我们也会产生不少分歧，然而，幸运的是，很多问题我们找到了解决方法，在这本书里你也可以看到。

有怎样的孩子，是父母决定的。读读这本书，你会发现父母在养育孩子的路上始终是新手，养育的过程也是父母成长的过程，你也会发现“养不教，父之过”的真正内涵。父亲应共同承担教育孩子的责任，虽然这已经写入《家庭教育促进法》，但很多父亲仍借口工作忙而不管家。

心理学家阿德勒曾说过："幸福的人用童年治愈一生，不幸的人用一生治愈童年。"我很喜欢这句话，它也成为我的育儿座右铭，提醒我不断学习，尽力给孩子、给家庭带来幸福。

感谢父母把我们养育成人，感谢孩子们让我们继续成长。

这本书，我也推荐给所有的爸爸读一读。一个男人能给予家庭、给予子女最好的礼物，就是他真切的关心和在意。你会发现陪伴孩子成长真的是世界上最美好的事情……

自序二　我是妈妈，但不做超人妈妈

小熊QQ糖

我们常听到“妈妈是超人”这句话，这无疑是对妈妈的肯定和赞美，但另一方面也会给妈妈带来无形的压力。一说起妈妈，就觉得妈妈应该是超人——工作、带娃、做家务，必须样样都行、样样不落。

我想问：“我可以不做吗？为什么妈妈必须要做超人？不做超人，就不是好妈妈了吗？”

其实，妈妈可以不做超人，你就是你自己——你爱的自己，你最想成为的自己！

每个人的生活都不容易，当了妈妈之后更为艰辛，身体上、生活上都会经历翻天覆地的变化。

记得我刚生完马琪朵的时候，被日复一日的带娃琐事压得喘不过气，觉得天都要塌了，天天跟兔爸找碴儿吵架，不放心任何人帮我带孩子。白天我妈可以帮我搭把手，晚上就我一个人带孩子。每天深夜，当我被孩子的哭声吵醒，看着旁边熟睡的兔爸时，我都会委屈到大哭，恨不得一脚把他踹下去。

我不知道的是，我被一种病攥到了魔掌里——产后抑郁症。

后来兔爸找我长谈了一次，他说：“你生完孩子变了，变得像怨妇一样，你要学会自我调节，自我放松。找时间去跟闺密看看电影，做一点儿自己喜欢的事情，分散一下注意力。你该找回你自己了。”

最后一句“找回你自己”犹如醍醐灌顶：焦虑、压力、烦躁、委屈……这一切的根源都在于我看不到自己了，我不爱自己了，所以也没有爱可以传递给我的家人。

后来，我就利用闲暇时间，在微博和公众号上分享自己的育儿经历和故事。刚开始，绞尽脑汁也就憋出几百字，还要反复修改，一篇文章要好几天才能完成。但是，当我准备放弃的时候，兔爸又发挥了他鼓励人的专长，他告诉我：“要想提升自己的写作水平，就是要多写！坚持不懈地练习！”就这样，我分享着、分享着，写微博、拍视频渐渐成为我生活的一部分。

在合伙育儿的过程中，我俩并不是一直如此默契，和所有夫妻一样，也经历过分歧、争吵，经历过一段磨合过程。所以，当我们抱怨老公不帮忙带孩子时，想一想，是不是我们根本就没有把需要他帮忙的这个诉求明确说出来？有没有真正放手，多给老公一些成长的机会？

孩子爱玩手机、孩子不爱学习、孩子叛逆不听话，是最让我们头疼的三大育儿问题，作为父母，我们又该如何应对呢？孩子玩手机，你是严令禁止，还是规定时长？孩子不听话，你是拿起“传家宝”揍屁股，还是走进孩子的内心？……孩子就像父母的影子，当孩子出现问题时，父母应当先反思自己是否有做得不妥当的地方。

养育孩子是一场漫长的修行，父亲不缺席，母亲不焦虑，才能够培养出阳光、乐观、自信的孩子。父亲和母亲有不同的性格特点，也应该有不同的角色分工。我们可以不做超人妈妈，但一定要做好自己。只有做好了自己，才能把更多的爱和快乐传递给家人和孩子。

希望我们这本书中的育儿故事、理念和方法，可以帮助曾经像我一样无助的妈妈们，成为照亮你生活的一缕微光。希望我们都可以成为更好的自己、更合格的妈妈！

第一章　养孩子，从来都不是一个人的事

生孩子对女人而言是一次冒险，身体上的脆弱、心灵上的无助，考验的不只是一个人，而是整个家庭。

丧偶式育儿 vs 育儿合伙人

我的父母都是老师，妈妈是中学班主任，爸爸因为在外地工作，所以我小时候基本上是跟着妈妈一起生活的。印象中，妈妈给予她学生的时间永远比我多，每当妈妈去上晚自习时，就会把我一个人锁在家里让我睡觉。有一天晚上打雷，我吓得大哭，最后是邻居听到了哭声，才把我妈妈从学校教室里找回家……

我的童年，就是在和妈妈学生的“争宠”中度过的。

后来我稍微长大一些，爸爸因为工作调动回到家里，我才感受到父亲的存在与陪伴。爸爸天天骑着自行车载我去上学，虽然自行车的后座特别硬，但我心里特别美。

现在回想起来，小时候的我特别自卑，性格内向，不爱说话，这些都和与父母的沟通少有很大的关系。直到自己当了妈妈后，我才深刻地感受到父母的不易，我会经常主动去找父母沟通，想尽力去弥补童年的缺失。

之前看到网上有人总结了中国女性的四大“不幸”：丧偶式育儿、当妈式择偶、保姆式妻子、守寡式婚姻。自从升级成为妈妈后，我对丧偶式育儿才有了切实的感悟。

所谓丧偶式育儿，就是一些家庭在有了孩子后，由夫妻一方养育孩子，另一方长期缺席的育儿现象。在中国更多表现为母亲独自承担育儿重任，父亲长期缺席。

不少家庭的父亲忙于事业，几乎很少有时间关心孩子的学习，更有甚者连孩子上几年级了都不知道。身边很多女性自从成为母亲，好像突然明白了什么是“父爱如山”——父亲就像山一样，待在那里什么也不干！妈妈不得不承担起大部分教育孩子的任务。

看到这里，各位请扪心自问：“你们家的爸爸上一次陪伴孩子学习是什么时候？上一次陪伴孩子玩耍是什么时候？”答案可能很残酷，但这就是现实。

“上天给你一个缺席的父亲，就会赠送你一个焦虑的母亲，最终只会养育出一个失控的孩子。”这句话形象地勾勒出丧偶式育儿这种社会现象。我们身边不乏这样的案例和悲剧。而这种育儿模式，也让不少女性失去自我，家庭变得岌岌可危。

马丁说

丧偶式育儿听起来是批判父亲的，很不好听，其实这更像是一种心酸的自我调侃。丧偶式育儿，我个人认为可以分为被动式丧偶和主动式丧偶两种情况。

被动式丧偶就是顶着一座压力大山，拼命打拼只求为家庭提供更好的生活条件，因此导致被动地从育儿合伙人团队中分离出来。我本身也是这样，有时候录完节目回到家已是凌晨，孩子们早都睡了，我只能悄悄地看两眼，偷偷亲一口。这是工作特性与社会压力导致的，其实是很无奈的选择。所以我的太太就独当一面地承担起了照顾孩子的重任。这可能就是一种分工，不管在外工作，还是像全职妈妈一样在家工作，都非常不容易。

那什么是主动式丧偶呢？说实话，很多爸爸（当然也不排除有一部分职业女性）在外工作很累，回到家如果是“老婆孩子热炕头”还好，但是如果回到家是“老婆孩子一锅粥”，就很不想面对了。试想上了一天班，回到家再带孩子，就会觉得一整天都在工作，没办法放松。我得承认，很多父亲会理所当然地认为“我上班，你带娃”“我挣钱就够了，别的事情都是你的事儿”。所以，回到家后就习惯了先自我放松，不管孩子的事情，甚至有的爸爸下班干脆都不回家。“我累了一天，还不能放松一下，喝杯小酒，唱首小歌，玩会儿小游戏？”

久而久之，爸爸们习惯性地把孩子的一切事情主动进行职责排除，觉得孩子的事情都是妈妈的职责，对于育儿就会渐行渐远，甚至和自己的伴侣也会渐行渐远。

我们必须认识到无论是主动式丧偶还是被动式丧偶，都是中国家庭的传统模式——男主外，女主内。爸爸的责任就是要挣钱养家，妈妈的责任就是生孩子、养孩子。此种模式已经延续千年，但是传统的都是正确的吗？

我们要知道，孩子的成长只有一次，而且不能重来。孩子需要的，不仅仅是爸爸提供的物质条件，陪伴孩子真的比在外应酬更加重要。一个有责任心的男人，应当对孩子的教育担当起责任。

父亲的陪伴对孩子有多重要？

《三字经》里说“养不教，父之过”，可见在古代社会，父亲在孩子成长教育中就有着不可替代的作用。

我国现代文学家郭沫若认为，“父”字乃斧之初文，其两把板斧，一把是思想和智慧的给予，一把是方向和力量的给予。

马丁说过：父亲的陪伴，是女儿对异性认知的第一节课，是儿子成长的第一个榜样。

儿子会跟父亲学习如何更勇敢，如何承担责任；女儿则更希望得到父亲的保护。父亲对女儿的态度，往往影响她以后的择偶：是想嫁给父亲这样的人，还是一定不能嫁给父亲这样的人。

我们俩曾经很严肃地讨论过这个问题："如果父亲缺失，马悠悠会不会变得很'娘'？"我们的担忧在心理学专家那里得到了验证。

美国耶鲁大学的一项研究表明，由父亲带大的孩子，智商和情商更高，也更容易融入社会。每天都与父亲接触的孩子，和那些一星期与父亲接触不到五小时的孩子相比，他们的人际关系更融洽，也更加具有进取精神、冒险精神。心理学家还发现，那些没有得到父亲足够关爱和陪伴的孩子，容易焦虑、孤独、自尊心低下、自制力差，甚至还有攻击性强、喜欢较劲、叛逆等性格和行为问题。这些被称为"缺乏父爱综合征"。这些孩子，中学辍学率及成年后犯罪率均高出普通情况两倍。

在孩子看来，父亲和母亲带给他们的体验是完全不同的，因此收获的认知也是不同的。孩子经常从母亲那里学到语言、生活知识、物品用途等方面的知识，而从父亲那里能够学到更丰富、更"神奇"的知识——父亲可以带他们更广泛地认识自

兔姐五岁生日，全家 Cosplay（角色扮演），打扮成了她的世界里的人

然和社会，并通过探索变化无穷的活动，逐步培养孩子的动手能力、探索精神，丰富孩子的想象力，培养孩子的创新意识，启发孩子旺盛的求知欲和好奇心。

在婴儿时期，孩子对妈妈有天生的依赖和信任，生理与心理上的依恋、社会性的需求，使得孩子对妈妈的需求会大于爸爸。但是当孩子长大一些，特别是4岁以后，他需要多跟爸爸在一起。因为爸爸在家庭中代表着秩序，也代表着权威。这个时期，爸爸的回应、爸爸的帮助，会让孩子充满安全感。在孩子成长过程中，父亲不仅仅是一个陪伴者，他还是建立孩子安全感、塑造孩子人格的领路人，能让孩子更加顺利地走向社会。

父亲更擅长教给孩子的东西

1.运动能力，动手能力。父亲最明显的男性特征就是喜欢动，而且通常比母亲更加热烈。父亲在陪伴孩子游戏时，会有更多创意和身体的运动，他们更愿意带孩子做一些强烈的动作和身体活动。这些活动会促进孩子的体能发展、提升其运动能力和动手能力，让孩子获得成就感。

2. 独立进取、自信果敢等性格品质。男女性别不同，性格也是迥异的。通常来说，母亲作为女性会更加温柔、体贴、善良、有同情心；父亲则更加独立、进取、竞争、合作、自信、果敢等。在父母共同影响下，孩子才能形成良好的性格品质，建立全面、积极的人格特征。

3. 逻辑推理、创造力、想象力等认知能力。通常情况下，父亲更擅长逻辑推理、空间定向和抽象思维，有利于激发孩子的求知欲、好奇心和自信心，促进孩子认知能力的发展。此外，父亲的文化素质对子女的智力、自制力、思维灵活性也会产生积极影响。

4. 人际关系与社会交往能力。父亲通常更加开朗、积极进取、勇敢克难，对于孩子和同伴的交往起着重要作用。与父亲为伴，孩子能够获得更大范围的社会活动和交往，这都有助于孩子积累社交经验和社交技能。

夫妻：最好的育儿合伙人

在一个家庭里，妈妈通常比较感性，传递给孩子爱和安全感；而爸爸相对理性，更容易教会孩子勇敢和独立，关系到孩子人格的形成。父母相互配合，才能给孩子成长提供健康而充足的养分。

1. 夫妻关系＞亲子关系

有一天，马琪朵对我发出了灵魂拷问：“妈妈，我们家你最爱谁？”

我想了想，生怕说错了会影响孩子内心的安全感，然后小心翼翼地回答了一句：“妈妈最爱你和弟弟。”

马琪朵却纠正我说：“不对，你最爱爸爸，所以才有了我和乔治。”

我听后不禁一愣，是啊，在一个家庭里，我最爱的是我的老公啊，不能有了孩子忘了老公。无论多忙，也要给夫妻两人一些独处的时间和空间，因为夫妻关系是家庭关系的基石。当孩子深知爸爸妈妈很相爱，也会有情感上的安全感。

2. 不要指责另一半的育儿方式

妈妈因为自身角色使然，会对育儿更加精通。当爸爸做得不好的时候，有的妈妈会忍不住指责爸爸：“啊呀，你是越帮越忙，做啥啥不行……”久而久之，爸爸会失去育儿的积极性和热情，心想“反正我做什么都不对，与其被骂，不如什么也不做”。

其实孩子爸爸也是爱孩子的，只是表达方式不一样，我们要允许并且鼓励孩子爸爸这种爱的传递。育儿方式的分歧，可以在双方都情绪平静时再进行交流，让对方知道自己的想法和感受。

3. 妈妈要成就最好的自己

先做好自己，再做好妈妈。如果天天围着孩子转，把自己困囿于孩子的衣食住行中，你会发现自己的怨气不断积攒，和家人的矛盾、争吵也会接踵而来。

做妈妈，千万不能放弃自我成长，就算是全职妈妈，也要去发展家庭之外的生活，找到自己的“热爱”。身教重于言传，自己的成长对于孩子来说是最好的“身教”。

4. 爸爸要重视回归家庭

爸爸不要忘记自己做父亲和丈夫的责任，工作以外的时间，尽量多留给家庭，陪伴爱人和孩子。陪伴表达了爸爸的关心和在意，其实仅仅是简单的存在和交谈，就已经具有举足轻重的作用。

我们家有一个“家庭日”。因为乔治弟弟精力旺盛，每到晚上，兔爸和乔治都会“打一架”释放能量，乔治还给这项活动起了个名字叫“奥特曼格斗计划3”。内容是爸爸和乔治在床上摔跤，五局三胜。每次，乔治都会把爸爸压在身下，大喊："我赢啦！再来一局，再来一局。"

虽然担心孩子会兴奋得睡不着，但是看到他们开心的笑容，我都会被这种氛围感染。

其实，爸爸的回归未必需要很长的时间，但是需要很高的质量。这种回归不再让妈妈有孤立无援的感觉。爸爸给予孩子的安全感，将伴随孩子一生。

爸爸爱妈妈，妈妈尊重爸爸，父母合心合力，一起教会孩子什么是爱——这才是最好的育儿法宝。

夫妻是最好的育儿合伙人

好的婚姻，需要好好经营

马丁：“如果30岁没结婚，你会考虑将就吗？”

小熊：“我是一个比较被动的人，如果当时不是你像小熊QQ糖一样黏住我，我可能到现在也没有结婚。”

马丁：“那你应该感谢我。”

小熊：“哈哈，是的。”

2008年夏天，兔爸给我买了一大口袋小熊QQ糖，但是在车里暴晒了一天，QQ糖全都化了，成了一大坨。我记得兔爸给我的时候，还理直气壮地说：“化了就表示有缘分，这个糖就像我黏住你一样，再也分不开了。”

虽然我一直对这个解释心存疑虑，但是后来我俩真的黏在了一起。

浪漫满屋的小纸条

记得有一年春节，大年三十那天，我们一家参与录制

《中国团年饭》节目。导演联系我，让我想想我俩在一起发生的难忘故事。

我想了想，印象最深的是2010年世界杯期间，兔爸去南非出差40天。他出发的那天，我下班回家，看到家里很多地方都贴上了五颜六色的小纸条。门口的钥匙盒上贴着："钥匙不要乱扔，容易找不到，进家门放在这里。"厕所的柜子上贴着："新买的卷纸在这里。"冰箱里放满了吃的喝的，冰箱门上贴着："好好吃饭，不要乱吃零食。"穿衣镜子上贴着："想我就给我发信息，要是特别想我就给我写邮件吧。"……后来，我们俩闲聊的短信、邮件、MSN、QQ记录都留了下来，还做成了一本我们俩的对话语录《鸟语花香》，现在翻出来还是觉得很好笑。

还有一次，是兔爸第一次陪我过生日，他在我们家只要是有门的地方——电视柜、橱柜、衣柜、床头柜都藏了礼物，让我去找。每一个礼物还都编了一个小故事，有蒙奇奇，有香水，有蛋糕，有一封手写的信……现在那一对蒙奇奇还在家里，兔兔和乔治在玩。

所以，我认为两个人在一起的前提一定是因为有爱，夫妻共同经历的点点滴滴都会成为未来生活的调味剂。可能只有爱情不足以维持一段关系，但如果没有爱，就会更难。

爱是如其所是，不是如你所愿

婚姻的难处，在于我们是跟对方的优点谈恋爱，却和对方的缺点生活在一起。

说实话，兔爸并不是我的理想型，我理想中的男生是高高帅帅、自律有腹肌的那种。我刚认识他的时候，他戴了一副金丝边的眼镜，眼睛特别小，个头算是中等，1米75。而我爸选择女婿的前提之一是："孩子，比你矮的男生就别往家带了。"所以后来，我俩决定统一口径："我们俩一样高，都是1米76。"

他的生活习惯也不太好，常常熬夜打游戏，我们俩就属于"白天不懂夜的黑"。所以，我们家是有时差的，五六个小时，差不多相当于北京和土耳其的时差。每当我问兔爸："这六个小时的时差，咱们可怎么过？"他就会幽默地对我说："当我们相遇时，就相当于带你从北京去了趟浪漫的土耳其……"

在家里，兔爸待的最多的地方就是厨房。他不是因为爱做饭，而是他就喜欢在厨房里待着，觉得有吃有喝，粮食充足还安静，没有人影响他在厨房里玩电脑。他常常很晚才下班，所以到了晚上，只要他没在我旁边睡觉，他就一定是在厨房里打游戏。就因为他老是这样，以至于我们家对面楼的朋友总是认为我们家半夜有人在厨房洗碗，以为是"灶王爷"显灵呢！

所以，我就是传说中的“游戏寡妇”。

我们虽然都不完美，但是我们仍旧很相爱。有句话叫“爱是如其所是，不是如你所愿”，真正的爱是爱其本身的样子，而不是你想象中的样子，这个“其”包括自己，也包括他人。

我认为结婚不能因为到了年龄，就找一个人凑合。结婚一定是自己觉得值得的，在一起舒服的，一加一大于二的，如果两个人在一起还不如一个人生活得舒服自在，为什么要在一起？如果迫于压力结婚，婚后矛盾会更大，会不断后悔，所有的不甘心、计较、争吵就会成为家常便饭。而不将就的婚姻，会让你主动去妥协、磨合，和对方彼此靠近。一切都是发自内心的付出、欣赏和爱。

结婚的意义就是找到一个合适的“猪队友”，相互鼓励、相互加油，一起度过余生。即使你拥有这么多缺点，我依然爱你，想跟你在一起。

好的婚姻需要好好经营

好的婚姻需要经营，更需要积蓄，积蓄的不是钱，而是每一天。两人之间一点一滴的关怀，每天都攒一点儿，将来无论遇到什么事，让人生气的、产生误解的、需要共渡难关的，最先念起的都是对方的好。

我们虽然都不完美，但我们很相爱

夫妻关系是家庭关系的核心。在真实的生活中，每对夫妻或多或少都会出现矛盾和分歧，我们俩也不例外，在生活中也会拌嘴争吵。但因为有爱，我们才会在婚姻里主动包容、忍让和妥协。我们俩在一起已经十多年了，但我们依然觉得生活很幸福，并非索然无味，我觉得这跟我们一直坚持的几个习惯分不开。

1. 鼓励对方做想做的事情，即便是错的

无论什么时候，兔爸都非常尊重我，他会鼓励我去做我喜欢的事情，他支持我变成更好的自己，比如写微博、开微店、创办公众号、做珍珠饰品品牌“MQ马琪朵”、做直播、写书……他永远是那个第一时间支持和鼓励我的人。

2. 大胆在公开场合向对方表达感激之情

2019年1月，兔爸的《火星演讲会》和《中国日报》做了一个“向上的力量”演讲盛典，那是一个21天奇迹般诞生的演讲盛典，影响很大也收获了很多掌声。当时时间紧、任务重，所有小伙伴都为这个项目拼命努力，我也不例外。

活动结束后，兔爸在朋友圈里发了这样一段话，我第二天看到后感觉心里暖暖的，好像一切辛苦都化作了春风一般。

马丁说

都说每个成功男人背后都有个支持他的女人，我还不算是成功男人，但是好太太我确实有一个：她已经睡了，这段时间累得一沾枕头就昏睡过去。演讲盛典完美落幕了，但是她累得还没缓过来。

在这之前的半个月，她像打了鸡血一样每天召集小伙伴们一起开会，顾不得梳妆打扮，拿着早点就出家门，不停地对接、联系各个演讲嘉宾、媒体，忙到半夜。就这样连着两天，我眼看着她比之前更瘦了。活动当天，我太太向每一个人问好、打招呼，不停地跑前跑后帮走红毯的嘉宾拿衣服、安排座位，微笑着招待每一个人，直到演讲盛典结束。

当时在台上，我实在控制不住自己的眼泪，做主持人不难，但是组织整场活动真的特别难！可想而知我的太太有多辛苦，她瘦弱的肩膀，为我撑出了一片天。真的止不住想亲亲她，谢她赐予我向上的力量。可是我怕吵醒她，让她好好睡一会儿吧。

不管是对待家人还是爱人，我们永远也不要忘记把最温暖的一面留给他们：给对方一个爱的拥抱，一段温暖的话语，等等。

3. 10分的爱

现代家庭中往往面临着这样三个问题：情感衰老、育儿分歧、经济压力。在这三个问题中，我们首先要做的就是经营好感情，减缓情感衰老的速度。

很多家庭夫妻之间的冷淡，家庭成员间的冷战，甚至是家庭破裂，其实都源于不沟通。

多多沟通，就是夫妻二人爱情保鲜的必备良品，哪怕每天只有10分钟。

我和兔爸几乎每天晚上睡觉前都会聊天，有时只说10分钟，有时会彻夜长谈到天亮，每天都跟对方说说今天发生的高兴事或者遇到的困难，家长里短什么都聊，甚至一起“吃瓜”。这种谈话虽然没什么主题，但十分减压。

从邂逅到恋爱，从恋爱到结婚生子，大概要三年时间。让冲动退去，更全面地看懂一个人，发现对方的缺点，然后试着去包容。只有这样的爱情，不苟且，不将就，才有幸福的可能。愿我们都能拥有玫瑰花般的爱情和永远保鲜的婚姻。

马丁说

幸福婚姻中，丈夫应该做到的三点：

1. 太太永远是对的，就算错的也是对的。

2. 问题不过夜，不要把小错酿成大祸。

3. 女人要的是什么呢？不就是生活有保障，心情很舒畅吗？因此，老公要当好家庭的天花板，为妻子挡住所有风雨。

幸福婚姻中，妻子应该做到的三点：

1. 聪明的妻子，要做婚前的“大青蛙”，婚后的“猫头鹰”。

2. 关心对方，同时创造共同的美好时光。

3. 学会独处，重视情绪调节，不断自我成长。

从怀孕到生娃，爸爸你能干点啥？

家里老人常说过日子过的就是“人气”，但实际生活中我们往往过成了“气人”！

奶奶虽然求孙心切，但从不催我们要孩子，而是悄悄给我买了一堆叶酸让我“吃着玩”。而我也是本着顺其自然的心态，有一搭没一搭地吃着，后来马琪朵真的来了。女儿的到来确实增加了人气，但是养育的过程也真的是气人。

马琪朵是在越南的一个风景如画的地方来到我们身边的，下龙湾请来的“小龙女”着实让我们倍感意外之喜。两个人结婚好像还是昨天的事情，突然这个家就要从两口变三口了。

接下来这部分内容献给正在备孕的宝爸宝妈。

合伙备孕要注意什么？

妈妈：

♀合理的作息：不要熬夜，不要熬夜，不要熬夜，重要的事情说三遍，妇产科专家兔奶奶说了不止三遍！

♀规律的饮食：按时吃饭，俗话说“早吃好，午吃饱，晚吃少”，兔奶奶说这句话是真理。

♀适当的运动：运动项目可根据自身喜好选择，准备要娃的你赶紧动起来吧！

♀心理准备：保持平常心。有时候越想要越怀不上，思想压力大也会抑制排卵。

♀孕前检查：半年内全面检查（妇科常规性检查、肝肾功能、甲状腺功能等，血糖检查尤为重要，性激素六项，优生五项，抗体检测）。

♀孕前补充叶酸：补充叶酸的最佳时间是从怀孕前3个月至怀孕后3个月，叶酸缺乏已被证实与胎儿的神经管畸形有着密切的关系。

♀计划怀孕前3个月服药应慎重。因为一些药在体内停留和发生作用的时间比较长，有时会对胎儿产生影响，因此要同医生商量后再决定。

爸爸：

♂合理的作息：不要熬夜，熬夜打游戏、熬夜吃喝玩乐都是不可取的。

♂规律的饮食：“早吃好，午吃饱，晚吃少”，虽然你可能做不到。

♂适当的运动：老婆都去运动了，你还敢犯懒？赶紧和她一起锻炼，增强体质，准备要宝宝啦，把一块腹肌练成八块腹肌！

♂重要警告：若已计划好要生孩子，须戒烟戒酒半年以上。

♂孕前检查：精液常规检查，必要时做B超、验血。

孕期反应，淡定应对

我太不喜欢孕早期的感觉了，这个时期的记忆好像真的会持续很久，我现在还能想起来孕吐的反应。当然，我也能想起来胎动的惊喜，以及孕后期肚子大得不好翻身、睡不好觉的那种感觉。

前三个月的孕早期反应是大多数孕妈觉得最崩溃的时候。我和很多孕妈一样，还没有体会怀孕的喜悦，就迎来了身体上的严重不适——孕吐、头晕、嗜睡等反应都让我感觉状态很糟。

我在怀马琪朵的时候完全吃不下东西，吃什么吐什么。而且对于很多味道闻都不能闻，作为一个四川人，怀孕前我是最喜欢吃火锅的，可是怀孕头三个月见到火锅店，我都是捏着鼻子绕着走，连“火锅”这两个字都不能看。那时候觉得自己的胆汁都要吐出来了。兔奶奶总安慰我说：“没事，不脱水就行，有反应说明孩子是健康的。”孕早期的孕吐反应是一种正常现象，家里人应该给孕妈多准备几种食物，爱吃什么吃什么。

兔奶奶是妇产科专家，从给我买叶酸，到怀孕后各种科学指导，兔奶奶都一直操持着。尽管我一直在吃孕期DHA复合维生素，孕后期还是会腿抽筋，因为孩子需要从妈妈身体里汲取各种营养，所以还是缺钙。这时，兔奶奶就会提醒我说：“要多喝牛奶，要多吃海带、虾皮、骨头汤，要多晒太阳，把钙补起来。”孕期突发状况都由兔奶奶兜着，我心里特别踏实。

辛苦熬过了孕早期，终于迎来了舒坦的孕中期，这时候应该是孕妈最舒服的一段时期。早孕反应一结束，我突然变得什么都想吃，经常是半夜的时候想吃这个想吃那个，并且变得特别馋。

有一次，兔爸出去吃饭，带回来一包鸭架子。我半夜爬起来，到厨房发现了一只鸭架子，就觉得是人间美味，于是一个人吃了多半的鸭架。回想孕早期的我只能吃凉拌空心菜，兔爸觉得反差太大，还以为是孩子没了，赶紧给兔奶奶打电话。结果兔奶奶非常淡定地说：“这么晚了，先睡觉吧，明天早上再来医院检查。”

第二天发现一切都很好，我那难受的孕早期居然一夜之间就过去了。

共同期待新生命的诞生

孕期的“生理感冒”与“心理感冒”

都说怀孕的人抵抗力会变低，很多孕妇都害怕孕期生病。她们生病后不敢吃药，不敢打针，怕对孩子不好，就硬扛着。我刚怀马琪朵时，得过一次很严重的感冒，刚开始也是担心影响孩子，而且这种担心持续了很久，特别怕孩子生出来有啥毛病，最后靠输液才好。其实在怀孕的不同时期，药物对孩子的影响是不一样的。所以孕期如果不舒服，别硬扛，一定要去看医生，遵医嘱。

孕期一定要对自己好一点儿，本来身体就很辛苦了，而且由于怀孕导致激素水平升高，孕妇情绪会发生很大变化。可能本来是一件小事，但自己就忍不住会生气，有时候还会觉得特别委屈。

这个时候，孕妈们想哭就要哭出来，当然，如果不高兴生气了，可以试着主动告诉你的另一半，为什么不高兴，想怎么解决。他可以是你缓解孕期“不正常情绪”的出气筒。孩子出生后是爱哭还是安静，跟在妈妈肚子里感受到的妈妈的情绪有很大关联。

如果宠物一定要陪伴整个孕期……

在我们家，还有一位特殊的成员，那就是大金毛“皮皮”。

兔兔2岁多的时候，我们把皮皮从老家接了回来，就这样皮皮成了陪伴孩子们的重要伙伴。在怀乔治的时候，我们也不舍得把它送走。皮皮是我们家脾气最好的，后来皮皮也成了兔兔和乔治的好朋友。

有人说怀孕了，就要把家里的宠物送走，我觉得可以视情况而定，注意以下几点，是完全可以共处的。

1.怀孕后检查优生五项，里面涵盖有弓形虫的检查；

2.保持家里卫生，及时清理宠物粪便；

3.不要与宠物过分亲密，尤其是孕后期。

现在回想起来，有宠物陪伴的日子，不管是对大人还是孩子，都是特别温暖有爱的。

揭开无痛分娩的面纱

无痛分娩，其实就是分娩镇痛。当我生完孩子的那一刻，突然觉得我妈妈特别伟大，不到一米六的个子是怎么生出八斤半的我的……真的太不容易了。

2012年生兔兔的时候，那时我缺乏经验，以为无痛就是到生产的时候打一针，所以就忍着痛一直熬到三指才打，一指到三指的过程是最漫长的，后来我才知道无痛是可以随时加药的，可以保证一直到生产结束都有药效。

打无痛针的时候，是麻醉师把药剂打在了脊椎上，第一次看见那么粗的针，我现在还记得当时药进入身体的感觉，嗖的一下，整个脊椎就凉了，很快药就发挥了作用，宫缩不那么疼了。后背上留了一根导管，是可以自己控制随时加药的，当你觉得药效快过去，疼痛感又上来时就按一下。

后来生二宝的时候，因为有了第一次的经验，我到医院询问相关政策后，就直接打无痛针了。所以生老二的时候，我没有经历那种一分一秒的煎熬，感觉时间过得特别快。各地医院政策可能不同，大家可以提前确认。

但是每个人体质不同，对麻药的耐受程度也不同。有的人打完无痛针一直到生都不会有太多疼痛感，我对麻药不是那么耐受，所以无痛对于我来说，不是百分之百无痛，只是降低了疼痛感，到可以接受的程度，而这我都已经觉得是从地狱到天堂了。

所以，之前有很多准妈妈很恐惧生娃这件事，怕自己坚持不了又顺转剖，遭受两茬罪，其实是可以提前选择无痛分娩的，不用非得咬牙坚持。

生宝宝是一件幸福又勇敢的事，准妈妈们不用怕，新生命的诞生会赐予你无限力量！

生二宝，必须大宝同意吗？

在大多数传统中国人眼里，生孩子就是大人的事，小孩什么都不懂，不用问。如果老大执意发表意见："我不想要弟弟、妹妹！"那么大人会说："小孩子家家，别管大人的事。"

其实，在我看来，老大作为家庭里的一员，是有权利发表自己的看法的。

我们家兔姐，一直就希望妈妈再给她生个妹妹，天天追着我"哀求"，所以姐姐一直都认为乔治弟弟是她许愿许来的。现在只要弟弟做错什么事情，姐姐就会翻出旧账："要不是我许愿，就没有你了……"

兔姐一直都认为乔治弟弟是她许愿许来的

我觉得生二宝需要提前征得大宝同意。第一是对孩子的尊重，他们会感觉自己被重视了，爸爸妈妈不会有了新宝宝就不爱他了。第二是因为我们作为父母，能陪伴孩子的时间有限，兄弟姐妹才是一生中陪伴彼此时间最长的亲人。所以，给大宝找个兄弟姐妹，我们作为父母，不得跟人提前打个招呼吗？

当然，生不生二宝，甚至是三宝，并不是必须取得大宝同意，我们要多方面考虑，包括家庭条件、孩子养育成本等。如果孩子还小，其实还是懵懂的，但如果孩子已经上小学甚至上中学了，有比较明确的自我意识和是非观了，内心也会更加敏感。这时候，我们应该认认真真地和孩子谈谈，征求大宝的同意。如果大宝不同意，也要动之以情、晓之以理地进行劝说，告知理由。

马丁说

产房传喜讯之前，是爸爸大显神通的时刻，要准备的东西很多，待产包可以说是最重要的那一个。怀胎九个月的时候就要准备好，因为没准儿陪着太太逛街的时候就需要用到了。所谓万事已俱备，只欠待产包！所以，我们综合了很多朋友的待产经历，给大家附上待产包清单。你可以按照这个清单来准备。

妈妈物品清单

1. 重要证件

① 夫妻双方身份证原件

② 准生证原件

③ 结婚证原件（部分医院需要）

④ 产检手册及病历卡

⑤ 医保卡

⑥ 现金五六千及可支付费用的手机

（附：部分医院需要准备身份证、准生证、结婚证原件，产检时需提前咨询医院）

2. 准妈妈入院用品

① 哺乳文胸2个

② 纯棉一次性内裤2包

③ 开襟睡衣2套

④ 月子帽

⑤ 保暖月子拖鞋

⑥ 袜子2双

⑦ 出院衣物

3. 纸制品及清洁类用品

① 产妇卫生巾2包

② 湿纸巾1大包

4. 哺乳用品

① 吸奶器（推荐电动吸奶器，更方便）

② 溢乳垫一包

③ 乳头修复霜

5. 洗漱类用品

① 牙膏、牙刷、漱口杯

② 洗面奶、护肤品、洗发水（按出差规格准备就可以）

③ 洗脸盆、毛巾

④ 免洗洗手液

6. 食品类

① 巧克力2条

② 红牛2罐

③ 孕妈喜欢吃的水果、零食

7. 其他物品

① 吸管保温杯

② 手机及充电器

③ 笔记本和笔

新生儿物品清单

1. 衣物类

① 新生儿打底衣2套

② 保暖小外套2套（视季节准备）

③ 小包被

④ 袜子2双

⑤ 婴儿帽（根据季节需要准备）

2. 纸制品及清洁类用品

① 新生儿纸尿裤1包

② 婴儿湿巾1大包

③ 浴巾和小毛巾各2条

④ 纱布手绢（10条左右）

⑤ 隔尿垫1条

3. 婴儿用品

① 奶瓶及奶瓶刷

② 奶粉一小罐（妈妈不一定生产后马上有奶，根据需求准备）

③ 婴儿棉签、护肤油

④ 护臀膏

⑤ 护脐贴1包

⑥ 安全提篮（开车接宝宝回家需要用到）

其他

陪护家属的洗漱用品、换洗衣服、拖鞋等。

现在很多医院会提供丰富的待产物品，大家可以提前到医院进行了解，根据具体情况做好准备。

孩子出生后，角色转变有时差

2012年10月18日，马琪朵出生了。经历了九个多月的等待，我们终于盼来了天使。

当我听着两个宝贝（爸爸是大宝贝）熟睡的鼻息声，他们在我身边呼呼大睡，小家伙偶尔还吐个泡泡哼唧两声，我竟然幸福得睡不着了。

烦恼和幸福总是相伴相生的，我突然发现我和兔爸在育儿这件事上也是有时差的，他总是慢一拍。于是，我们也产生了不少矛盾。

妈妈的手忙脚乱

原来生产的痛仅仅是个开始，怪不得都说“还不如让宝宝在肚子里待着呢”，妊娠反应都是毛毛雨。开奶疼得我嗷嗷直叫，两个“大奶瓶”沉得就像两块大石头，刚折腾了一小时，衣服都湿透了……

当孩子呱呱落地，我发现“战争”才刚刚开始。虽然在备孕时已经做足了准备，但是真正当一个女人转变为一个妈妈时，再多的准备也会手忙脚乱。

我最真实的感受是：虽然看了很多书，但是在养娃路上该踩的坑一个都没少。

因为马琪朵是意外之喜，当她出生后，我和兔爸还没有做好为人父母的准备。所以我们两个人也产生了很多矛盾，各自还都非常有理，吵架、埋怨等都是那时发生的。

有一次，我对兔爸说：“希望你能够多考虑下我，哪怕搭一把手，我都会觉得我自己不是一个人在孤军奋战，不会觉得孩子是给我自己一个人生的。”

兔爸也有自己的想法，他的回答是：“原来都是我们俩一起做一些事情，你也会为我考虑很多。但是现在你根本看不到我，我在家里就像一个透明人。”

我觉得他仿佛置身事外，除了高兴、言语上的温暖外，养孩子这件事和他没有半毛钱关系。他的生活似乎没有发生一点儿变化，该吃吃、该睡睡、该玩玩，这爸爸当得太轻松了。后来我才明白，他是真的不懂也不会。

妈妈则不一样，生了孩子之后，妈妈成了第一责任人，要不断适应生理上、心理上的变化，真正蜕变成母亲的角色，这个过程很痛苦也很幸福。我真实的感悟是：有了孩子，就像自己重获了新生一样，可以跟孩子一起重新认识这个世界，感知周围的人和事，要学习的东西实在很多，能和孩子一起成长真的很好。当孩子弯着眼睛冲你一乐，你恨不得将她捧在手心里。新手爸妈就跟喝蒙牛酸酸乳一样，酸酸甜甜就是我。

爸爸的懵懂无知

比起妈妈，爸爸进入状态会慢很多，爸爸没有经过十月怀胎的铺垫，更不知道自己该干些什么。为了避免帮倒忙，很多爸爸都成了甩手掌柜。

兔爸曾经跟我说："这喂奶、拍奶嗝、换尿布，我根本学不会。有双方老人，有你，就足够了。"于是兔爸高高兴兴地走了。很多家庭里的老人也不让新手爸爸插手，他们说："你别在这里待着，还不够添乱呢。"

我们必须认识到这是错误的，我们不能剥夺父亲成为育儿合伙人的机会，尤其是在孩子刚出生的时候，长此以往会形成恶性循环。"是你不让我做的，可不是我不想帮。""我做了你又不满意，那我为什么还要做？"这样的话有没有很耳熟？

对于父母育儿的时差，这里提几点中肯的建议。

第一，妈妈是新生儿养育中的第一责任人，爸爸是第二责任人。出现育儿分歧，所有人都要听妈妈的，不是姥姥，不是奶奶，也不是月嫂。

第二，让爸爸提前进入状态。比如孕期一起去上新手父母培训班，学会如何照顾产妇和新生儿。

第三，学会赞美和感恩家人的付出，哪怕只是帮忙换尿布的小事。

马丁说

育儿需要学习，《马丁奶爸日记》就是我的学习笔记。请相信，每一次挫折、每一次进步都是每个爸爸生命中最值得珍视的东西。把自己的感受都记录了下来，还可以督促自己进步。现在翻出来读，心中还有一些小得意。

马丁奶爸日记（节选）

拍奶嗝，是奶爸的必修课：将宝宝身体竖立抱住，一手轻拍宝宝背部，直至她打嗝，帮助排出胃部多余的空气，否则会吐奶……新生宝宝每次喝奶后都要拍嗝。

一个人的技能要达到大师级的水准，工作时间必须超过1万小时，任何行业都不能例外：莫扎特6岁作曲到20岁才创作出世界级作品；甲壳虫乐队1964年风靡全球前已演出1200场；乔布斯成为大师之前历尽多少年沉浮。你能在自己专业上坚持10年以上吗？我能！等马琪朵10岁，我就是大师级的奶爸了！

宝宝，虽然离你学会走路还有挺长一段时间，但是老爸已经为你准备好了你的第一双鞋。其实，走什么样的路，靠的不是脚，而是心。

每个不懂得爱的男人都该生个女儿，因为，你希望未来的女婿如何对待你女儿，你现在就该如何对待自己的女人。不会爱人的人不配得到爱。

谁伤害过你，谁击溃过你，都不重要。重要的是谁让你重现笑容。

10月18日，我的女儿降临人间。她叫"马琪朵"。第一次和她四目相对的那一刻，我的心被一股奇特的暖流击中，瞬间泪流满面。世上的事情，不是有多少爱你的人，而是，多了一个你爱的人。

爸爸和马琪朵拍的百天照

写给我的女儿马琪朵：你出生在一个幸福的家庭，爸爸虽然能力有限，但会给你我能力范围内最好的教育。我们不会给你买奢侈品，也不会送你去贵族学校，但我们会带你一起旅行，在睡前给你读很多故事。我们不会给你铺一条平坦的路，只希望你有能力找到自己的信仰，乐观，求知，帮助他人。

从“泼鱼汤”到“陪我当一天妈妈”

在这里，我将给大家分享一个隐形的“杀手”——产后抑郁症。它一直飘荡在新生儿的爸爸妈妈身边，却很容易被我们忽视。

记得兔兔刚出生的时候，家里洋溢着有了新生命的喜悦气氛。只有我一个人感觉生活发生了负面的变化：生完孩子后，我的体重暴涨了50斤，一个晚上要醒来三四次喂奶，几乎24小时无休，看看镜子里臃肿疲惫的自己，感觉整个人都要崩溃。脾气也特别暴躁，一点就着。

泼鱼汤事件

看看自己，再看看兔爸，我感觉生了孩子对他的生活没有丝毫影响——该跟朋友聚会就聚会，该打游戏就打游戏。每天晚上，当我喂完奶，都会看到兔爸在我旁边呼呼大睡，这时候我的心里真的是严重不平衡，觉得不公平。

心中的怒火不断积压。直到后来，有一天晚上，我好不容易把兔兔哄睡，爬起来想喝一碗鱼汤好下奶。翻身一看，老公不在身边，我推开了厨房的门，他竟然躲在厨房打游戏！我当时怒火噌的一下就上来了，我辛辛苦苦带娃半夜睡不了觉，你却能躲起来开开心心地打游戏。凭什么?!

我冲过去，把手里的鱼汤连汤带碗啪的一声砸到了他的电脑上。

兔爸吓了一跳，转头就跟我急了，说："你有病吧！能不胡闹吗？那么多妈妈都带孩子，怎么就你这样，你是不是不想过了？"

这更加点燃了我心中的怒火，我就说："对，我不想过了，离婚！"

"离就离。"说完，兔爸转身摔门就走了。

其实很多月子里的妈妈都会有这种孤单无助的时候，可是这样的争吵除了作为一个发泄口，对缓解自己的疲惫和焦虑毫无助益。说实话，我和兔爸感情挺好的，别说提离婚了，我们俩就连红脸都很少。那绝对是气头上的话。他走了以后，我静静地坐了很久，想了很久。作为一个新手妈妈，委屈、焦虑，以及强烈的孤独感会让我不断反思："生孩子怎么就成了我一个人的事了？"两个人的相处方式出现各种问题。从只有彼此的两个人变成了三口之家，我经历了十月怀胎成为妈妈，还算有个过度。而他，好像还是个孩子，并没有跟上我的步伐。

冷静下来后，我给他发了一条微信："你不懂我，我要的其实就是你陪在我身边，而不是我一个人在生娃、养娃。要不你就陪我待一天，24小时你都跟我在一起，我做什么，你做什么，可以吗？"

他隔了很久才回了两个字："好吧。"

第二天，整整24小时，他经历了一天当新手妈妈的生活。事无巨细，给孩子洗屁屁、晒太阳、换尿不湿、冲奶粉、刷奶瓶、哄睡、洗衣服……白天他觉得带孩子还挺轻松的，还可以应付。到了晚上，孩子醒了我喂奶，他也要爬起来帮我倒杯水、帮孩子换尿布。孩子基本上一两个小时就会醒一次，睡眠时间也变得碎片化，他彻底撑不住了，脑袋都是蒙的，整个人几乎散了架。然后他很诚恳地跟我说："带孩子真的……太难了。"

那天之后，我觉得兔爸突然明白了，他特别认真地跟我谈过一次话，很郑重地跟我道歉："老婆，对不起，我真的不知道做妈妈这么辛苦。以后，我会跟你一起分担。"

后来，兔爸陪我去看了心理医生，也鼓励我去做我喜欢做的事情，他带娃的时候，我去做自己喜欢的事情，不再24小时以孩子为中心旋转时，未来也慢慢有了光亮，所以才有了今天大家看到的@小熊QQ糖。

对产后陷入各种忙乱甚至抑郁的妈妈来说，下一步是末日还是重生，爸爸的表现真的太重要了。那天之后，兔爸不但会把“妈妈不容易”挂在嘴边，还非常积极地承担了换纸尿裤、冲奶粉、手洗宝宝衣物的任务。

后来，有很多新手妈妈给我留言，说自己患有产后抑郁症，不知道该怎么走出来。相比于照顾宝宝带来的身体劳累，产后抑郁症已经成为困扰新手妈妈的最大的精神桎梏。这其中有一个重要因素，就是“巨婴爸爸”。很多男性即使当了爸爸，在心理上还是婴儿，他们根本不知道作为丈夫和父亲，需要给妻子、孩子和家庭什么。因此，夫妻间良好的沟通、互相理解、互相信任在这个时期格外重要。

这件事之后，我和兔爸约法三章，无论在什么情况下，都要做到：不提离婚、不动手、矛盾不过夜。

“不提离婚”是婚姻的底线，守住底线，婚姻才有存续和更好经营的可能。“不动手”，是因为他被我的鱼汤泼出了阴影，他说君子动口不动手，无论是动手的人还是被吓到的人，这段记忆都是不美好的，不能让这种不美好成为家庭的阴影。第三条，“矛盾不过夜”是因为男性和女性的思维方式有很大差别，本来没多大事，女性会千回百转地想他为什么这样啊，最终都会落到“他是不是不爱我了”这个问题；男性可能会打场游戏后一切如常，这样原本可以通过及时沟通解决的问题，拖着拖着就成了下一次吵架的导火索。

其实我觉得女人是挺容易满足的。我就是希望你可以懂我，有个态度就足够了。感谢兔爸主动学习，去了解产后抑郁症的相关知识，用耐心和沟通给了我无限的理解和包容，帮我度过了那段最艰难的时光。

我们为什么会得产后抑郁症？

现在回想，自己当时的产后抑郁太可怕了，用兔爸的话说，就是会把一个温和贤良的女人变成一个蛮不讲理的泼妇，莫名其妙地情绪崩溃、大喊大叫地摔东西。我是个特别温和的人，完全想象不到这是我以前能干出来的事。

在查找相关资料，认真学习后，我发现了一些产后抑郁症的原因和规律。

产后抑郁症的发病率很高。据调查，我们国家产后抑郁症的发生率为13.1%—16.3%，典型的产后抑郁症于产后40天左右发生，大部分3—6个月内可自行恢复。

究其原因，这其实与产妇分娩后激素水平变化太大有关；加上坐月子时，产妇的身体得不到足够的休息，情绪容易焦躁，如果家人不理解，就容易引发产后抑郁症。这几年，我们看到的新闻还少吗？30岁的新手妈妈抱着刚出生的宝宝跳楼轻生，原因竟是产后抑郁症，让人既心碎又惋惜。

那么，我们究竟如何避免这样的情况发生呢？

合伙应对产后抑郁症

有很多新手妈妈给我留言，怀疑自己患有产后抑郁症，不知道该怎么走出来。其实，产后抑郁症的缓解和治疗是一件科学的事情。最重要的就是合理排解情绪，起关键作用的有三点：1.自身努力；2.家人陪伴；3.专业指导。

新手妈妈应该怎么做？我结合自身经历，具体和大家分享化解的方法。

第一，放松一下，对自己好一点儿。

在成为一个好妈妈前，首先要成为更好的自己。喜欢做什么就去做，逛街、看电影、吃美食、找朋友聊天，多看看外面的世界，转移下注意力，别钻牛角尖，当觉得精神快要崩溃时，就暂时脱离母亲的身份，放松一下，对自己好一点儿。尽管身材走样，还是要把自己收拾得干净利落，这样才有精气神，越邋遢越容易焦躁，而且身材可以慢慢恢复，不用着急，更不要因此放弃自己。

第二，争取更多睡眠。

生娃之后，睡眠时间严重缩水，睡眠不足也会严重影响精神和体力，所以能睡的时候赶紧睡，睡好了才会精力充沛，患产后抑郁症的概率也会降低。

第三，妈妈要主动找点事情干。

除了带娃，给自己找点事情干，让自己忙起来，任何一件小事都可以，比如用手机拍照或拍视频的方式记录宝宝的成长，你会发现很有乐趣。我当时就是没事的时候写写微博，分享宝宝的日常来自我疗愈，如今才收获了那么多可爱的铁粉一路相伴。

第四，必要时，积极接受心理治疗。

如果情况严重，无法自拔，一定要及时看心理医生寻求帮助，配合医生进行治疗。不要有任何心理负担，不要觉得去看心理医生是件丢人的事。

第五，老公是我们最重要的治病合伙人，如果他能了解你、帮助你，你会更快走出阴霾。

老公可以怎么做？

第一，老公的角色无可替代。很多新手妈妈产后抑郁都是因为老公不管不顾，既不帮忙带娃，也不懂得关心爱人。作为老公，要尽力多帮忙照顾孩子，多陪伴、关心爱人，帮助疏导情绪。

第二，夫妻双方及时沟通。夫妻双方及时说出自己的感受和需求，会让我们更理解对方。老公还要做好家中的指挥官和调解员，时刻提醒家里人不要只关注孩子而忽略了妈妈，出现婆媳问题的时候要冲在第一线，及时沟通。

第三，充当妻子的精神导师。鼓励妻子找回自己，如果需要就医，老公一定要陪伴左右。

第四，如果确实忙不开，可以寻求月嫂的帮助。

马丁说

那天晚上吵完架后，我太太给我发了一条消息，内容是一篇科普文章，关于孕妇生孩子前后的孕酮值变化以及为什么会产后抑郁。雌激素、孕激素水平的急剧变化会严重影响母体的情绪。

男人没有生孩子的机会，也没有机会体会母亲生孩子那种疼痛是什么样的，但是我们可以尝试着坐月子、陪月子。当我们真正体验过了，我们才知道，什么才是设身处地，什么叫感同身受，什么叫将心比心……

后来，我才知道，兔妈原来是患上产后抑郁症了。

对于产后抑郁症，我想说，最好的治疗手段是：老公的爱护和陪伴，婆婆的理解和尊重。对于产后的妈妈来说，我们要多关注她们的身心变化，尤其是情绪方面的变化，早发现早干预。

所以，坐月子是两个人的事情，陪妻子坐过月子的男人才是真男人。

成为妈妈后，你变了吗？

朋友马上就要生宝宝了，很惶恐。问我，做了妈妈之后最大的变化是什么？

我想了想，总结起来其实就是四个字——爱、累、勇、美。

最爱的人

你突然发现你最爱的人变了，这个人不是自己，不是老公，甚至不是父母，他变成了你的孩子。

有一个画面相信大家一定印象深刻，就是在地震的时候，妈妈把孩子护在自己的身下，我觉得这是所有妈妈的写照，我们可以为了孩子付出一切，甚至是生命。这个世界上突然多了一个你爱的人，他冲你叫妈妈，冲你眨眼睛的时候，你会觉得心都化了。我觉得这种感觉非常美好，这是我当妈妈之后最大的收获，也是我情感当中最宝贵的部分。

累，就不用说了

从怀孕到产检、生养，整个过程就没有不累的，生完之后可能还会遇上比如堵奶啊，急性乳腺炎啊，家人的不理解，产后抑郁症等一系列的事情。但是，现在我回过头再想想，熬过来了也没有觉得那么苦。因为我觉得我是和家人一起承担了生孩子、养孩子的琐碎工作。

比如说，我老公最大的优点就是嘴甜，他虽然也帮不了什么忙，但他会在情感上安抚我，“你辛苦了，要不要睡一会儿，我来给孩子换尿布”，其实就是帮我分担一些心理上的压力，我就会觉得真的没有那么累。每个妈妈都需要被理解，所以明明生孩子很疼，养孩子很辛苦，但我还是生了乔治。

相信大多数妈妈都是一样的，虽然很累，但是我们甜在心里。我觉得最重要的一点是，遇到困难千万不要自己扛，一定要拉上你的老公，拉上你的家人一起战斗。

勇是指勇敢

我记得有一次我们带兔兔出去玩儿，那个时候她也就两岁多，自己就溜达出去了，然后突然蹿出来一辆车。我老公后来跟我说，他在特别远的地方就听到我一声惨叫：“兔兔……”然后我就冲了出去，挡在了孩子前面。如果那辆车撞过来，撞倒的肯定是我。

我想，这可能就是母爱的伟大吧，下意识地就会做出这样的反应。我们除了危险来临的时候，可以奋不顾身地挡在孩子的前面，还要勇于面对困难。比如说孩子上幼儿园了，我们如何去面对分离焦虑？陪孩子写作业的时候，如何做到不乱发脾气？孩子不听话又该如何应对？

有了孩子之后，女人的心里会迸发出特别多勇敢的力量。随着孩子逐渐长大，这股力量也会越变越强。

最后说说美

很多人都会说，生完孩子之后一定会身材走样，容颜枯老。我想说，这些都是大家对于生孩子的误解。现在有很多女性生完孩子之后，都会通过自律的行为，让自己的身材快速恢复。我们在照顾孩子的同时，也可以好好照顾自己。

我身边有朋友会说，你好像生完小孩之后变好看了，我想那一定是因为我身上多了一层母爱的光辉滤镜。

最后我想说，妈妈的这个角色，是我完整人生拼图当中的一部分，就我现在的体验而言，我觉得做妈妈并没有想象中那么可怕，到目前为止我已经体验了10年。如果你选择当一个妈妈，那就勇敢地接受新生命的到来，尽情地享受他们带给你的不同体验吧。

马丁说

增进夫妻感情的小妙招

1. 尝试“10分的爱”。拿出10分钟，与爱人聊天，将沟通落实在行动上。

2. 请所有的老公谨记：太太永远是对的，就算错了也是对的。

3. 写出爱人的五个优点，更加了解你的爱人。当我们学会看到对方的优点，看到对方的付出时，婚姻也会更幸福。

爱人的优点

（妻子填写）

① ____________________

② ____________________

③ ____________________

④ ____________________

⑤ ____________________

爱人的优点

（老公填写）

①＿＿＿＿＿＿＿＿＿＿

②＿＿＿＿＿＿＿＿＿＿

③＿＿＿＿＿＿＿＿＿＿

④＿＿＿＿＿＿＿＿＿＿

⑤＿＿＿＿＿＿＿＿＿＿

第二章　同心合力，开启育儿合伙人模式

在新型育儿合伙人模式中，夫妻是合伙人，夫妻与孩子是合伙人，孩子与孩子也是合伙人。家庭成员之间的合作模式，会在潜移默化中让孩子逐渐增强与人合作、与人相处的能力。

育儿合伙人如何组队、成团？

教养孩子就像是合伙投资创业，事业发展得怎么样，关键要看这个“团队”如何组建。

父母要亲自陪伴孩子

马琪朵一年级下学期刚要开学，就赶上了新型冠状病毒肺炎疫情，那学期就一直居家学习。我们的工作从线下变成了线上，生活也发生了很大变化。

“孙悟空”24小时在家大闹天宫，奶奶不得不承担起大部分的辅导马琪朵学习的工作。马琪朵刚刚在学校培养起来的学习习惯，就没有坚持下来。再到二年级开学时，她的成绩就跟不上了。老师特别委婉地跟我说：“兔兔妈妈，咱们班70—80分就一人……”我还傻乎乎地问老师：“是谁呢？”

马琪朵正值七八岁的叛逆期，你所说的都是她所反对的，“不想写作业，不想吃饭……”这样的马琪朵经常会惹奶奶生气，结果奶奶的高血压加重了。

我感觉到了事态的严重性，如果错过了孩子学习习惯的黄金养成期，我可能要花更多时间去弥补，我只能调整自己的工作时间去迎合孩子的学习时间，陪伴她的时间多了不少。

这样一学期坚持下来，在学期期末时，我和她聊天："你觉得这学期自己有进步吗？"她说："当然有进步啊！这次语文、数学、英语我都得了优呢！妈妈，幸好这学期你管我了，要不我就要变成'渣渣灰'（注：兔兔给学渣起的别称）了。"

其实我们大部分家长工作是很忙的，原来的我也是这样，老人能帮忙带娃，我就能省点心。但是听完孩子的反馈之后，我很庆幸自己及时调整了状态，给予孩子更多陪伴。

在中国传统观念中，老人含饴弄孙是天伦之乐的重要部分。但是，含饴弄孙不是代替父母，父母决不能撒手不管。严格来说，父母不能陪伴孩子，把对孩子的教育、抚养工作完全交给老人、保姆、家庭教师，是我们偷懒的一种方式，是作为父母最大的渎职。

为什么这么说呢？

第一，隔代教育和爸爸妈妈的教育方式是不一样的。

第二，孩子的教育真的是不容我们错过的，千万别等孩子到了青春期，亲子沟通遇到问题时再后悔，到时真的是想管也不好管了。

因此，跟家庭的另一半好好商量，即使再忙也要挤出陪伴孩子的时间。用挤出来的时间来陪伴孩子、教育孩子，你会收获孩子的茁壮成长。

微博里有个功能我很喜欢，叫“那年今天”。我会经常点进去看去年、前年的今天我们在做什么，我不禁感慨，一转眼孩子就长大了。

是啊，带孩子在身边的感觉，就是你没觉得她在长大，但是时间和照片会提醒你，她每天都在成长。

角色分工，扬长避短

马丁说

妈妈是 CEO，我是打杂的

在我们家，妈妈是这个“育儿公司”的CEO（首席执行官），是这个公司最大的领导，包括公司的发展方向、KPI（关键绩效指标）考核、具体的实施步骤等都需要妈妈拍板。因为在一个家庭里，如果爸爸做的具体工作相对较少，只承担部分特殊工作的话，在妈妈任劳任怨干活的时候，爸爸还在旁边指手画脚，还要“夺权”去总揽大局，是一定会产生矛盾的。这种“诈尸式育儿”，要比“丧偶式育儿”中爸爸完全不管的模式影响更为恶劣。

我的工作比较忙，而且时间上不固定，两个孩子小时候的吃喝拉撒都是妈妈来管的，家里妈妈操持得多一些。因此，我们家的育儿领导权完全在妈妈手里，妈妈是家庭里的劳动模范，理所当然要独揽大权。

至于我这个打杂的，具体承担了市场部经理、活动部经理和主要赞助商的职责和角色。

那么父母扮演的角色可以反过来吗？

当然可以！我身边有位朋友，妈妈在外企工作，工作非常忙，经常出差，飞来飞去。所以，他们家孩子的吃喝拉撒都是由爸爸来负责的。爸爸是个自由职业者，照看孩子完全没问题，而且把孩子照顾得非常积极、阳光。每个家庭的情况都不一样，具体问题具体分析。如何分工，要父母二人商量而定。

我要强调的是，没有一个角色是必须要父亲来扮演的，但是他必须参与其中。不论你属于哪一种情况，在合伙育儿的过程中，爸爸妈妈都要根据自身特点明确分工，扬长避短。

同时，爸爸和妈妈的角色也需要一定的灵活性，互相弥补角色间的空白。

如何邀请老公合伙育儿？

现实生活中的情况是，在合伙育儿时，爸爸往往找不到，妈妈成了光杆儿司令。

不少爸爸工作忙、应酬多，但这都不是缺位的核心理由。除了工作因素外，很多爸爸主观认为教育孩子就是妈妈的事。另一方面，也有很多妈妈有了孩子之后，一心照顾孩子，老公偶尔“插手”，还会招来“嫌弃”，觉得老公照顾得不好，这就导致了老公在照顾孩子这件事上越来越不主动。

那么，我们究竟该采取什么办法把老公再次拉进育儿合伙人团队中来呢？

1. 妈妈学会主动示弱

我们可以不做超人妈妈，不要硬扛强撑，承认自己有做不到的事情，邀请爸爸参与，以柔克刚、撒娇示弱，效果可能会更好。注意，我们要描述自己的感受，不要用责怪、抱怨的语言。

例如，妈妈可以说：“我刚喂完奶，头疼，肚子疼（反正女生的那些问题都可以说）。”你该示弱的时候就要示弱、撒娇，那爸爸可能就会想“妻子这么辛苦，这件事还是我来做吧”。如果这样，那么恭喜你，你已经迈出了走向成功的第一步！

只要一柔，再刚的男生也会败下阵来，这可是我们女生最有力的撒手锏。

2. 清楚地说出自己的要求

如果老公不为所动，你可以给他出选择题。我常常这样问兔爸："老公，你可以承担家务吗？"得到肯定的回答后就可以给他出题了。"洗碗和拖地，你选哪个？""洗衣服和看孩子，你选哪个？"自己选择的任务，他干起来也会更有积极性。

对于部分"理工男"爸爸，请你直接告诉他"老公，我需要你"，然后给他派任务。不要让老公去猜，直接告诉他具体要求，效果会更好。你可以直接说："我需要你帮我做××，第一……第二……第三……"列出来你需要他做的事情。在老公带孩子的时候，你也可以把要做的事情标准化，比如几点喂奶、几点散步、几点吃饭等，让他按照任务清单一项一项完成，这样更有助于实现目标。

3. 及时肯定并谢谢对方，鼓励老公"你真棒"

妈妈要相信自己的老公，学会放手。当然，老公完成之后，我们还要及时予以肯定，即使他开始做得不好，也要鼓励他、表扬他，下次他就会卖力做得更好。

我原来也觉得兔爸照顾不好孩子，特别不放心。兔爸一带孩子出门，我就开始想象孩子哭闹或者受伤的场景。

我的妈妈告诉我："他是在看自己的孩子，你要相信他是爱孩子的！"

是啊，如果我们不放手的话，好像孩子爸爸永远学不会如何给孩子换尿布，如何给孩子冲奶粉，如何带孩子做游戏……当你放手后你会发现，情况并没有我们想象得那么糟糕，孩子爸爸完成得也很好。

有一次，兔兔要期末考试了，我陪着兔兔复习，兔爸带着乔治去爬山。他们回来之后，我发现乔治身上的衣服和脚上的鞋子没有一块干净的地方，简直像只小土猴。不过，乔治却兴奋地告诉我："爸爸太棒了！和爸爸爬山太刺激了！我下次还要去！"

团结一切育儿力量

我们都知道，父母对孩子的影响是最直接的，而且是非常重要的。然而，父母对孩子的影响却并不是唯一的。

美国著名心理学家布朗芬布伦纳在生态系统理论中就提到："一个人的发展是他和周围环境相互作用的结果。"周围环境是一系列复杂的环境系统，其中微观系统多指儿童生活的直接环境，包括父母、兄弟姐妹、学校、同伴，甚至是居住的小区、父母的工作环境等，这些人和环境一起影响着孩子的发展。

也就是说，在育儿过程中我们要关注除了父母之外的"第三"合伙人，例如，在我们大多数家庭中除了父母，还有爷爷奶奶、姥姥姥爷、兄弟姐妹，甚至包括家里的阿姨等。这些儿童生活的直接环境中的人在共同影响着孩子的成长，因此，我们在合伙育儿过程中，也要重视和发挥他们的育儿作用。

近两年，受新冠疫情影响，我们在家的时间都比较多。我和兔爸就商量策划一个家庭课堂，家里每个人都思考自己最擅长的部分来分享，比如爸爸可以教什么，妈妈可以教什么，家庭中所有成员都发挥自己的特长。

我们家奶奶是医生，所以她可以教儿童保健。于是，我们就开设了一堂家庭保健课，比如感冒了如何保健，吃维生素C、多喝水、睡个好觉等。此外，奶奶还教孩子们分辨哪些是感冒药、怎么给自己测温等等。后来这个活动也成为我们家的例行活动，是孩子们很期待的展示和学习机会。

我们可以将爷爷奶奶、姥姥姥爷，以及月嫂、阿姨等成员都拉进我们的育儿团队中来。

在我们家，还有一位特殊的成员，那就是我家的大金毛皮皮，皮皮已经15岁了。兔兔和乔治都是皮皮陪着长大的，说起来皮皮才是家里的老大。

随着弟弟乔治的到来，皮皮就像个大姐姐一样照顾弟弟。皮皮非常尽责，弟弟妹妹的事都要管。虽然皮皮岁数大了不愿意出门，但是弟弟要出去遛弯，她就一定跟着。还有一次，姐姐生病的时候，不愿意去医院打针，皮皮陪在姐姐身边，模拟给她打针的样子。每次弟弟睡了，一旦屋里没有人，皮皮就会主动趴在弟弟屋门口守着，如果弟弟哭醒了，皮皮就会跑来叫我们……

在兔兔和乔治的成长过程中，皮皮确实帮了我们不少忙。

说起这些有点伤感，皮皮前段时间去世了，她生病期间做了两次手术，大夫说皮皮的年龄很大了，相当于人类100多岁，做完手术还能活这么久已属奇迹。

家庭的组成形式各种各样，并不是只有三口之家，也有很多单亲家庭、离异家庭、重组家庭等。我身边也有很多独自抚养孩子的爸爸和妈妈，其实不论是哪一种组合，我们都要善于发现一切可以利用的力量，团结一切可以团结的人，组成合伙育儿团队，并且壮大我们的团队。

夫妻一定要达成的育儿共识

夫妻两人下班回家后，各自低头在孩子面前玩手机；夫妻两人在家里抱怨对方，指责对方，甚至当着孩子的面破口大骂……这些问题你们家出现过吗？

意见不统一，孩子就会“钻空子”

记得马琪朵小的时候，我们一起出去玩儿，我发现爸爸常常给孩子穿衣服穿得很少，我就会对他说：“天哪，这么冷的天，你给孩子穿这么少？孩子会感冒的……”爸爸妈妈因为孩子穿衣问题而争执，你会发现孩子会选择自己觉得舒服的一方站位，她就会说：“爸爸说的是对的。”

而后，过了很久，你再让她多穿些衣服就很难了。她会告诉你：“我爸爸说了，不用穿太多衣服。”

因为爸爸妈妈意见不一致，孩子就会“钻空子”，年纪小的孩子还没有分辨是非的能力，天生懂得自我保护，他们会凭感觉做出赞同一方的选择。随后，这一方的观点还会成为他“屡试不爽”的借口。

再比如，孩子们都爱玩游戏，爸爸说可以玩会儿游戏。但是爸爸妈妈没有达成什么时候可以玩，玩多长时间等玩游戏的共识。当妈妈要求孩子必须写完作业才能玩游戏的时候，孩子就会主动忽略掉玩游戏的前提，理直气壮地说：“爸爸说可以玩游戏！”

如果你家里是这样，那么请回想下，你们是不是没有给孩子一致的要求？

建章立制，合伙制定育儿章程

合伙育儿就如同一起创业，在创业之初，除了要思考各自分工，特别重要的是建立公司章程，达成育儿共识。要知道，夫妻双方不是育儿的对手，而是队友，因此要提前统一立场，定好规矩，达成育儿共识。总结起来，我和兔爸的育儿共识主要有以下几点。

1. 不在孩子面前说对方的坏话

我和兔爸的第一点育儿共识，就是不在孩子面前说对方的坏话。

孩子从出生起，就会察言观色。在接触新环境、新事物时，小孩子也会通过观察父母的表情来寻找社交线索，以此来决定自己如何对待陌生的人或事。对于幼儿来说，遇到的任何事情都是新鲜的，他们会观察爸爸妈妈等周围信任的人的反应，作为探索世界的参考。这在心理学上叫社会性参照。

家庭是孩子成长的第一课堂，父母是孩子的第一任老师。家庭中长辈的言行举止在潜移默化中对孩子起到引导作用。父母在和孩子的交往和互动中，要注意自己的表情和言行。因为夫妻口中的对方，就是孩子眼中的爸妈。

在一个家庭里，我们要传递给孩子的是：父母是恩爱的，爸爸妈妈是一个整体，他们是彼此包容、彼此相爱的。即使有不同意见，也不要当着孩子的面拆台。

只有建立了良好的夫妻关系、温馨的家庭氛围，才能让孩子保持健康的心理状态。孩子会从父母那里懂得如何爱和被爱，对生活充满信心，有一个乐观向上的态度。相反，长期生活在“抱怨”家庭中的孩子，性格通常比较忧郁，对生活、对感情都不会有太多的信心。所以，我们要帮助孩子营造好爸爸、好妈妈的形象。

2. 吵架也要定好规矩

我妈妈24岁生的我，说起来她都是个孩子。所以在我的记忆里，我的父母会像两个大孩子一样，常常当着我的面拌嘴、吵架。那时候，父母教育孩子就是让你吃饱、穿暖，别生病就行，对家庭教育这种事情就是随性而为。所以，每次父母吵架的时候，我就会非常担心他们吵架是不是因为我，因此而没有安全感。

当我做了妈妈后，我会尽量避免在孩子面前和老公发生争执。

但是，马勺碰锅沿，谁家爸爸妈妈还没有意见不一致的时候呢？当真的要吵架时，是否要避开孩子呢？这要看吵的什么架，也需要爸爸妈妈提前约定好。

如果双方情绪都比较激动，肯定不能当着孩子的面争执，最好回房间解决。过于激烈的争吵场面，容易吓着孩子，让他们缺乏安全感，严重的会出现性格缺陷，影响长大后的婚恋观。双方吃相难看的战争，会使孩子对父母深深地失望，影响父母在孩子心中的形象。美国心理学家哈洛曾说过："什么是爱？当一个孩子受到威胁或者遇到巨大的压力时，他从谁那里获得安慰，谁能让他的心情平复下来，他在害怕的时候会奔向哪个人，那就是爱！"

那什么时候吵架，可以不用避开孩子呢？

如果双方情绪可控，吵架的内容不是原则性问题，而是单纯就事论事，是可以不避开孩子的。比如"今天晚上是在家里吃饭还是去外面吃？"这类问题，我们要让孩子知道生活中人与人出现分歧是很正常的事情。有分歧不可怕，关键要学会如何解决。孩子会在父母解决分歧的争吵中学会维护自己的权益，找到解决问题的方法。

妈妈："我们都在家里吃了一个月的饭了，为什么不能出去吃一顿呢？"

爸爸："好吧，那就出去吃吧！咱们去吃烤鸭。"

孩子学会的所谓的"吵架方法"，也会帮助他实现自主意识。

这种方式更适用于三年级以上的孩子。现在提倡家校共育，父母的责任比老师更大，孩子在学校跟老师学习，跟同学交往，更多时候的自主学习是来自父母的，看父母怎么做，孩子就怎么做。

生活中的每一个瞬间，都是教育孩子的生动小课堂。吵架要不要避开孩子，家长要把握好分寸、提前达成共识，还要遵循"大吵回避，小吵怡情"的原则。

另外，吵架时还要注意下面几点：

1. 不能说否定对方角色的话；

2. 不能说否定对方价值的话；

3. 不能因为一件事否定所有的话；

4. 不能说消极的话。

即使是河东狮吼，也骂不走吵不散。

3. 育儿有分歧，指定一位大 Boss

你有没有发现，自从有了孩子之后，明明之前那么融洽的夫妻关系开始变得不再融洽？一点点鸡毛蒜皮的小事就可能引发一场“世纪大战”；明明之前对自己百依百顺的老公，也好像换了一个人似的……

其实，这都是由于家庭成员结构发生了变化，孩子的出生让我们每个人都实时更新了角色。在育儿的过程中，夫妻双方，甚至是其他家庭成员之间出现意见不一致的情况时有发生，这在所难免。

无论你家的情况如何，都应该事先指定一位大 Boss（最终裁决人），他应该是拥有最高决定权的人，这是避免无休止分歧的最好方法。

这个人可以是爸爸，可以是妈妈，也可以是家里的长辈，当教育方式发生分歧的时候，家里就一个人说了算，否则，孩子不知道到底该听爸爸的，还是听妈妈的，还是听奶奶的。

我们家如果出现育儿分歧，是妈妈说了算的，不是奶奶也不是姥姥。

兔爸最大的优点就是服从指挥，嘴巴甜。

有一次，兔爸碰到一个朋友，指着我问：“这是你家领导啊？”

兔爸说：“不不不，这是我家的灵魂，领导可以换，灵魂不能丢……”

虽然是一句玩笑话，但是在我们共同养育孩子时，一旦有了不同观点，兔爸总是听“灵魂”的。

记得每次孩子们放寒假、放暑假之前，为了不让他们天天在家里玩儿，我会提前和他们把假期安排好。这些安排都是我跟孩子们商量之后确定的。但是，因为我无法同时接送两个孩子，所以我会跟爸爸和奶奶协商好时间。

为了避免合伙育儿过程中意见不一致，从而导致家庭矛盾，为了不让孩子无所适从，不知道听谁的，我们不妨也达成共识：育儿的事情，一定要有一个人做最终决定。而这个家庭真正的CEO，我们建议，就是妈妈。

4. 一致的教育方向，不要过分苛求孩子

读到这里，我们不妨问问自己：你想让孩子成为什么样的人？

作为父母，你期待把孩子培养成有精彩人生，有无限发展能力的人？你希望他们拥有各种技能，唱歌、跳舞、琴棋书画样样精通？你认为他们长大了应该是学业优秀、事业有成的大赢家？……

可是，你凭什么？

刚当妈妈的时候，我们都会觉得自己的孩子怎么看怎么顺

眼，尤其是家里的老人更是这样，他们会觉得我家孩子怎么看都和别人家的不一样，觉得自己家的孩子特别完美、特别优秀。但是，随着孩子慢慢长大，你会发现，自己家的孩子其实就是一个普通小孩。

原来的我也不免俗，给孩子报了许多课外兴趣班。那时候觉得如果我家马琪朵不参加这些兴趣班，就会耽误她的成长，耽误她长大以后成为一个“完美小孩”。

但是后来，兔爸跟我说：

“你看我们俩都不是完美的人，都是普通人，那为什么要指望孩子成为一个完美小孩呢？”

“我们凭什么？”

后来，我们达成了共识：每个孩子都有自己的成长规律，父母不要苛求孩子必须成为什么样的人，比如孩子数学成绩本来就不好，你非得让孩子去学奥数……这样对家长很残忍，对孩子也很残忍。

不过，为了确定一致的教育方向，我和兔爸曾经在网上搜索了世界一流大学的招生标准，这些“标准”后来也成为我们教育孩子的指引方向。大致有这么几条：

1.有一项喜爱的运动；

2.擅长一门乐器；

3.动手能力和社会实践能力强；

4. 充满好奇心和创造力。

兔兔选兴趣班，都是只选她自己喜欢的，比如舞蹈。我们会着重引导和培养她的兴趣，并没有过多干涉或替孩子做决定。

后来，在有了乔治后，我们也是遵循这样的共识，让孩子选择自己喜欢的事情。

兔兔经常问我："为什么不给乔治报兴趣班？"

我回答说："姐姐会了，姐姐教乔治就行。"

兔兔笑了笑说："好的，我给乔治当小老师！"

乔治马上就要上一年级了，兔姐竟然主动备课，教起了乔治写字和背诗。

虽然俩人在一起经常拌嘴打架，但是兔姐有好吃的糖果会掰一半，另一半用糖纸包着带回家给弟弟；弟弟有好吃的，也会偷偷塞进姐姐的嘴里；姐姐会用乐高给弟弟拼他最爱的挖掘机……

每当看到他们彼此相爱、温暖善良的场景，作为父母就特别满足。我们这一代父母，其实早已不把成绩优异当作判断孩子优秀的唯一标准了，孩子拥有正确的价值观，有爱懂得分享，有自食其力的本事，有无比强大的内心，乐观地度过一生，这就是人生赢家了。

我们不是完美的父母，也没希望孩子成为完美的孩子，只是希望孩子和我们一样，一起慢慢地、快乐地长大，长成他们自己喜欢的样子。父母能做的，就是在孩子小时候尽可能为他们创造成长空间，让他们自由去发现，发挥内在的潜能。

每个孩子都有自己的成长速度，作为父母不要焦虑，请让孩子慢慢来！

5. 给孩子确立一致、明确的规矩

你有没有遇到过这样的事情——带孩子去超市购物，孩子通常特别喜欢和爸爸一起去？

为什么呢？因为孩子和爸爸去的时候，想买什么爸爸就给买，而和妈妈去的时候就不行了。这时候孩子就会说："每次爸爸都会买给我的。"结果，和妈妈去超市的时候免不了一场"拉锯战"。

这时候避免亲子"拉锯战"的方法，就是夫妻双方提前给孩子确立一致、明确的规矩。

提前沟通好孩子哪些事能做，哪些事不能做，以及孩子要做到什么程度才可以。父母两个人的教育方向要一致，对待孩子的同一个行为要有统一的处理方法。相反，如果对待孩子同一个行为，爸爸这样处理，而妈妈却采取了完全相反的态度，这样很容易让孩子没有方向感。

比如，孩子逛超市时，看到好玩的玩具就要求买，你会立

即满足吗？对孩子的各种要求是“有求必应”，还是遵循“延迟满足”？关乎这一点，夫妻要统一思想，提前达成共识。延迟满足，能让孩子在面临种种诱惑时学会等等，提高自控力，能控制即时冲动对孩子来说是一件很了不起的事情，在等待中增强自控力，可能会收获更好的未来。面对孩子总是很难说“不”的爸爸妈妈们，请一定记住并实践这四个字：延迟满足。

设计属于您家的《家庭合伙育儿章程》

（请爸爸妈妈共同讨论后填写）

1.我们家的育儿大Boss：__________

2.爸爸的职责：__________

3.妈妈的职责：__________

4.长辈的职责：__________

5.孩子的发展方向：__________

互动小贴士

合伙育儿中最常见的三大分歧

据说这个世界上，只有两种东西能让一对恩爱的夫妻争吵：一是孩子的教育问题；二是钱。

的确，在合伙育儿团队中，难免会出现意见不一致的时候。我总结后发现，目前在家庭合伙育儿中最常见的三大分歧，主要集中在养育差异、兴趣班和孩子的学习三大方面。

养育分歧："一定要母乳喂养吗？"

不少新手妈妈曾问我："我的婆婆、老公都说母乳喂养好，不想让孩子喝奶粉。可我没有母乳，怎么办？好怕饿着孩子，我现在特别焦虑。"

当然，这也可能和宝妈刚生产后的身体状况有关，一旦自己母乳少就开始担心，担心孩子不够吃，营养跟不上，觉得自己不是合格的妈妈……这一系列问题让宝妈变得非常敏感和焦虑，家里也会上演一场母乳喂养还是奶粉喂养的分歧对抗战。

“哎哟，你奶这么少，宝宝吃得饱吗？”“晚上你要喂宝宝，休息不好，要不宝宝跟我睡吧，喂几顿奶粉不要紧的！”……长辈们无疑是好心，但这无形中会成为新手妈妈走上母乳之路的“绊脚石”。

这时，我总会安抚她们，虽然母乳喂养有很多好处，但没有母乳的妈妈千万不要焦虑，家里人也不用太过紧张。关于母乳喂养还是配方奶粉的选择，并不是非黑即白，不选A就选B。记得我当时生完兔兔后，奶水比较充足，兔兔就吃母乳吃到一岁半。但是，当我生完乔治时，母乳就没有那么好，于是我们就采用了配方奶加母乳混合喂养的方式，弟弟现在也成长得很好。

所以，就算妈妈没有足够的奶水哺乳孩子，我们还可以选择奶粉作为补充。关于母乳和配方奶粉，作为过来人，我有几个小经验分享，新手妈妈可以参考。

1.孩子出生前，准备1罐配方奶粉，每个人下奶的时间不一样，没有下奶的时候也不要着急，配方奶粉先顶上。

2.出奶之后，一定要让宝宝多吸，一开始可能会供大于求，可以用吸奶器吸出来冷冻，妈妈千万不要憋着，容易得乳腺炎，泌乳量慢慢会与孩子达成供需平衡。

3.追奶，不一定要喝油腻的汤，喝浓汤容易长胖，而且也不如直接吃肉营养高。喝汤时可以适当撇开上面的油。

4. 在有母乳的情况下，孩子能喝到一岁就很棒了，这不仅增加了彼此间的连接，给孩子更多安全感，而且喝母乳的孩子抵抗力也是棒棒的。

5. 在没有母乳的情况下，混合喂养或者纯奶粉喂养也是可以的，现在的配方奶营养价值都很高，孩子6个月以后逐渐添加辅食，不用担心孩子营养不够。

6. 关于奶粉的选择，我主要是看品牌、奶源地、营养成分，可以先买1罐试试，确定宝宝没有过敏、便秘等反应。

每个家庭需要根据自己的情况而定。养育一个健康的孩子，我们可以有很多种选择，要不要母乳喂养，这只是育儿路上的一个选择题。请大家放宽心，不要焦虑。

早教分歧：“要不要报那么多早教班？”

我家隔壁住了一家三口，孩子1周岁后，这位妈妈就开始多方咨询早教课，也带着孩子试听了好多早教课，最后得出的结论是有些早教课又贵又没意义，她自己在家就能教。于是隔壁妈妈就说干就干，她买了一些早教书籍和用具，还做了详细的计划表，准备给孩子做个VIP专属早教班。

这样的想法不错，邻居妈妈的干劲也很足，可还没坚持两天，她在楼道见到我就跟我抱怨，孩子太小根本没办法教，一点儿也不听她的，自己的孩子真的是自己教不了。购买的那些东西闲置在角落里，而她也陷入了两难的境地。

那么，作为家长，到底要不要给孩子报早教班呢？

首先，我们要知道，早教班不是教孩子读书、写字、背诗，而是培养孩子良好的性格和行为习惯。我觉得，早教是必需的，但早教班不是。

兔兔2岁的时候，我担心她的社交能力、语言表达能力发育不好，就开始给她报各种早教班，而且安排的课程还特别紧凑，一个星期要去四次。兔爸觉得孩子这么小，没有必要给孩子报这么多早教班。

但是，作为新手妈妈，身边朋友的孩子都上这么多早教班，我不能被落下。而且孩子很少跟同龄孩子玩耍，会不会影响孩子的社交能力发育？我当时特别焦虑，最后就是通过给马琪朵报各种早教班来安抚自己。

而当乔治出生后，他一次早教班都没有上过，我发现他其实在家里也很好。1—2岁正是孩子探索这个世界的时候，父母就是孩子最好的玩具，我觉得保留孩子的天性，该玩就玩，到了什么年龄做什么样的事就好，目前看来没有上过早教班的乔治各项发育也都很正常。

兔爸主持过的一档《老师请回答》节目，其中就有这样一位妈妈，她为了把女儿培养成明星，豪掷千金，一年花费120

多万，宁可夫妻两地分居也要带着孩子到北京学习舞蹈。但是在节目现场，只要一提到“家”“舞蹈”，女儿就忍不住落泪，她的压力太大了。这位妈妈的确付出了很多，但是无形中也给孩子造成了很大的心理负担。

家长都希望自己的孩子优秀，于是给孩子报了很多兴趣班，无形中把父母的梦想强压到了孩子身上。这时的兴趣班，到底是孩子的兴趣，还是家长的未完成的梦想呢？

其实，兴趣班只是一种教育载体，兴趣的培养需要家长的正确引导和长久坚持。我认为，如果要给孩子选择兴趣班，可以考虑这三类：

1. 运动类，例如游泳、篮球、足球等，对孩子早期的感官系统发育有很好的帮助。

2. 艺术类，例如美术、音乐、舞蹈，对培养孩子的情操、认知、肢体表达等都有很好的帮助。

3. 语言表达，例如演讲、主持等。让培养孩子从小具备公众表达的能力，对于孩子自信心的建立也是很有帮助的。

学习分歧：“成绩重不重要？”

同一次考试中，有的孩子考90分，被父母大加赞赏、肯定，不停夸奖；有的孩子考90分，可能回家还要担心父母的“混合双打”……

同样的分数，不同的是我们父母对待孩子成绩的态度，或者说对孩子学习的态度。

记得有一次，兔兔期末考试前一周，准备复习。一、二年级都是乐考（展示性的考试）。三年级，兔兔第一次体验正儿八经的考试，有点紧张。兔兔性格比较要强，需要不断鼓励，帮助她建立目标感。比如我说："妈妈觉得你考90分以上就行了。"她就会说："我想考95分。"我说："要是能考95分，就特别好啊。"她就会说："要是得100分更好。"孩子自己有了努力的目标和方向，不管最后能不能达到目标，有这个态度我们就特别欣慰，为她鼓掌。

虽然乔治还没有上小学，但已经能明显看到两个孩子的不同。这个年龄建立目标感可能没有用，我们常做的是带着他像做游戏一样做任务。比如约定好明天要完成三项任务，或者在五项任务中任选三项，做完在纸上画对勾。这个方法对乔治就十分管用，像闯关做任务一样。

每个孩子都是独一无二的，个体差异真的很大，就像花儿一样，有的在冬天绽放，有的在夏天盛开。与其逼着孩子取得好成绩，告诫孩子要好好学习，还不如给我们自己定一个长期目标，在漫长的求学之路上，去引导孩子感受获取知识带来的快乐和成就感，去帮助孩子建立短期的小目标、长期的大目标。达到目标后给予一些小奖励，可以帮助孩子感受到努力之后的快乐。

学习是一种习惯，好习惯的养成一定需要榜样的力量，是在循循善诱中养成的。学习每一个东西，“逼成绩”不是长久之计，因为每一次的学习都是为他们自己增长本事，而不是为考试而学，不是为老师而学，更不是为家长而学。

马丁说

关于三大分歧，爸爸特别有话说。

关于母乳喂养，争取喂到一岁半。年轻的妈妈们千万别为了身材，放弃了最好的亲子体验和孩子的健康。身为爸爸，我是没有机会亲身体验哺乳孩子，如果可以我也想试一试。

至于早教班，可上可不上，要是太贵就别上了。但是每个爸爸都应该带孩子运动，这是不可推卸的责任。还有我们办的《少年演说家》训练营，家长和孩子都很喜欢，让你的孩子“话在心头口能开”，能说会道，对他一生都有益。

至于学习，一时的成绩不重要，核心是培养孩子自觉学习的习惯，都说“自律给我自由”，孩子的自律是给家长自由！我认识的学霸，都是自己爱学习，不是家长逼出来的。

隔代育儿，如何聪明地对长辈说“不”？

无论是在城市还是农村，“隔代育儿”都成为当下社会一个非常普遍的现象。

最近一项调查研究显示，在北京、上海、广州、深圳等一线城市里，接受隔代教育的孩子比例高达50%—70%，目前这个比例仍在上升。一线城市节奏快，工作忙，父母陪伴孩子的时间就变得极为珍贵。如果家里的长辈不帮一把的话，实在是难以应付。而爷爷奶奶、姥姥姥爷既心疼儿女，又心疼孙辈，于是他们便毅然不求回报地扛起育儿重任。

隔代：最容易产生矛盾的地方

由于隔代育儿观念不一致，引发矛盾，导致离婚也不是罕见的现象。

最近网上有个段子特别火：一位奶奶在给1岁的孙子读认知卡，指着麻雀说：“这是家雀（qiǎo）儿。”然后又指着卡片上的蛇说："这是长虫。"妈妈在一旁就崩溃了……这个视频一方面表现了各地方言的差异性，另一方面也折射出了隔代教育的问题。

2岁之前兔兔都是由我和姥姥带的，所以经常会发生一些分歧。老人的观点就是到点就必须吃饭，孩子不吃就一定要追着喂。最后导致兔兔经常是吃多了积食，一着凉就容易生病。很多次，我们带兔兔去看中医，大夫就说："吃得太多了，让孩子少吃点。""要想小儿安，三分饥和寒。"但是姥姥还是想让孩子多吃点，生怕孩子饿着。

另外，有一种冷叫"姥姥觉得你冷"。兔兔小时候回南方姥姥家时，在室内，姥姥都会把手工织的毛衣加羽绒服全都给套上，生怕孩子冻着。其实，南方的冬天室内室外温度差不多，这样做无可厚非。但是，姥姥来到北京后，在屋里，同样给孩子穿很多，家里的暖气又热，兔兔经常热得一头汗。

时代的不同、教育观念的不同，都会让家庭育儿产生各种各样的分歧。有些长辈认为"我都把你们拉扯大了，养大好几个娃了，你们的孩子我怎么可能带不好"？

可是，我们父母的育儿经验又是从哪儿来的呢？多半也是跟他们的父母学来的。如此溯源，我们大多数人的育儿方法，已经用了好多辈呢！在职场上，我们常听到一句调侃的话，说一个人不是有10年工作经验，而是一个经验用了10年。对照大多数人的育儿经验，那就是一套经验用了好几辈儿啊！

这样的经验不是一无是处，但难免不能与时俱进，新旧矛盾就成为我们必须要解决的问题。

如何解决隔代育儿分歧？

一天，朋友拉着我哭诉了很久。总结原因就是她和婆婆隔代育儿的小船翻了。

疫情期间，俩人一起在家带孩子，时间久了，发现育儿理念完全不同，比如孩子有个习惯，爱抱着一条毛巾睡觉。在妈妈看来，儿子只是把毛巾当成了安抚物。而奶奶却觉得孙子天天抱着毛巾不安全，弄不好会窒息，就强行把毛巾拿走，不顾孩子哭闹。

妈妈觉得奶奶的做法是不科学的，就说出了自己的看法。但是，奶奶却不接受："你老公从小到大，我就没让他抱过毛巾，不也长得挺大个儿？"奶奶觉得她小题大做。

除了睡觉问题，纸尿裤也成了导火索，奶奶觉得小宝宝皮肤娇嫩，穿纸尿裤会不透气，容易捂出红屁股，而且还费钱。因此，一直拒绝妈妈给自己的宝贝孙子用纸尿裤，用妈妈的话说，他们自己准备的尿布在家里的阳台上"迎风招展"。

妈妈哭笑不得，还要面对洗尿布的额外工作量，最终情绪大爆发。

综合来看，妈妈和奶奶的育儿观念不同，日积月累出现的养育矛盾，确实在很多家庭普遍存在。那么，我们到底该怎么做呢？

1. 把核心管理权归还给妈妈

隔代育儿分歧最大的问题就是长辈抢占了妈妈核心管理者的位置。爷爷奶奶、姥爷姥姥可以演好配角，给予适当帮助，但千万不可大包大揽当主角。

孩子出生后，他们的第一责任人应该是父母，核心管理人就是妈妈。当我们无法全职照顾孩子时，长辈的帮衬给了我们更多支持。当长辈参与到合伙育儿的过程中时，就要明确他们只在儿女需要帮助时，给予力所能及的帮助，而不能大包大揽地完全代替，甚至取代父母第一责任人的位置。

这种以妈妈为核心、长辈做配合的合伙育儿模式，一方面可以缓解育儿压力，另一方面可以打造出和谐的家庭氛围，这才是理想的隔代合伙育儿模式。

2. 多倾听，多称赞，少推诿

父母要看到长辈的付出，并及时称赞。“带孩子一天辛苦了！您歇会儿，我来。”“太谢谢您帮我带孩子了！”这样暖心的话语谁不爱听呢？

另外，调整自己的心态，和长辈好好沟通，多听听长辈怎么说，带孩子有什么困难，年轻父母要帮长辈解决一些问题。

孩子在长大过程中难免会生病，或者碰到一些小意外，这个时候，千万不要指责和埋怨长辈。因为，谁都不想让孩子受伤或生病，指责或者埋怨会埋下家庭矛盾的祸根，出了事共同面对就好。

3. 婆媳有分歧，老公来冲锋

家和万事兴，家庭和睦是一切的基础。作为儿媳，最好不要和婆婆发生正面冲突，遇到分歧，不是一定要冲到“前线”，沟通的事情让老公来进行，因为就算他们母子俩谈崩了，大吵一架，毕竟还是亲生儿子，不会影响大局。另外，为了避免当面冲突，有了矛盾，我和我婆婆会选择发微信的方式来探讨和解决问题。

4. 共同更新育儿知识

提供机会让长辈接触前沿知识，更新育儿知识。很多年轻父母在听育儿课时会带着长辈一起参加，或者在家庭群里分享科学育儿的短视频、小妙招。跟随育儿专家共同学习科学的育儿理念，养育孩子的分歧便会迎刃而解。

老人一旦养成了学习新知识、更新旧知识的习惯，会比你更积极。

马丁说

1.天下不吵架的婆媳很少，解决问题的钥匙就是老公。这个时候，我会跟我妈说：“你们两个都爱孩子，也都爱我，看在我的分儿上，别吵了。要不然我最为难。你也不想我受夹板气吧？”

2.我还对我妈说：“其实，你儿媳妇知道错了，就是不好意思承认，所以让我来道歉，你就别跟她一般见识了呗……”妈妈的气就消了一半。

3.同样的话，我会对我的太太再说一遍：“我妈知道她做得不对，但是碍于面子不好意思跟你道歉，你就别跟她生气了啊……”

4.老公的作用就是“和稀泥”，或者说是最重要的沟通桥梁。

以上的方法一学就会，一用就灵，但是请别告诉我太太和我妈。

先成为自己，再成为妈妈

我喜欢的一位母婴博主有句话，让我印象很深刻："随着孩子的出生，爸爸妈妈也出生了。"其实我们做父母的都是正在长大的孩子，我们在努力地学习当一个好爸爸、好妈妈。

有了孩子之后，我们的人生进入了一个新阶段。妈妈、爸爸从单独的个体到有了爱情的结晶，同时有了合伙的情感纽带。我们可以透过新生命感知生活，在孩子的点滴成长中发现美好，与孩子一起成长。

在合伙育儿中，合伙人不仅在育儿的道路上能相互扶持，让彼此的生活更加精彩，同时也会在彼此的事业中产生一系列化学反应，彼此成就。

当了妈妈，你多久没有美美地拍照了？

好朋友聚会，你会发现有的人即使生完宝宝了，也看不出一点儿变化。这时候，你会下定决心说："等我生完宝宝也要像她一样，成为‘辣妈’。”可是，等生完孩子了，你却发现：你胖了好几圈，而且挂着大大的黑眼圈，你不修边幅的样子，好像多少化妆品都拯救不了你……

妈妈是个特别神奇的称呼。很多妈妈生了孩子之后，生活重心转到家庭，一切围绕孩子转，自己的网名也都改为“××妈”“××妈妈”，我也变成了兔妈。我猜，正在看这本书的您，也有个美美的名字“某某妈”“某某爸”，对吧？

兔兔2012年出生，那年我辞去了新浪微博的工作，成了全职妈妈。全职妈妈的生活并不是我想象中的那么美好和轻松，生娃带娃，产后发胖50斤，得急性乳腺炎，双方长辈养育理念不同，我的产后抑郁症遇上我妈的更年期，老公越来越忙，经常出差……其实这才是真实的有娃之后的生活，一地鸡毛。

尤其是自己有一段时间也患了产后抑郁症，那时候觉得天空都是灰色的，状态糟糕极了。而真正发生变化，缘于我们夫妻俩的一次长谈，兔爸鼓励我说：“你应该去做自己喜欢做的事情，不要困在家里，你把自己活好了，才能把爱和温暖带给身边的人……”

因为我之前在新浪微博工作，是微博内测的第一批用户，于是，兔爸就鼓励我在网上分享带娃小故事、育儿小方法等等。后来，我尝试每天写微博，分享自己的育儿生活。刚开始粉丝很少，也没有什么留言，但是兔爸依然在鼓励我："你记录生活，并不是写给别人看的，而是给你和孩子留下一份时间的礼物。"

随着孩子长大，我也从一个产后抑郁的新手妈妈变成了一个连续四年都有幸获得新浪微博奖项的母婴博主，真实的生活分享让我成了很多粉丝喜欢的兔妈。粉丝们则自称"朵姨"，她们经常会留言说："谢谢你十年的陪伴，简直就是云养娃。""我们是看着兔兔和乔治长大的，谢谢你们全家的温暖照亮我的生活！"

先成为自己，再成为妈妈

我们越长大，身份越多，是女儿，是妻子，是妈妈，是儿媳……我们经常需要在这些角色中去寻找平衡。你可以是无坚不摧的妈妈、无所不能的妻子，但不管是哪种身份，你首先是你自己，千万不能丢了自己。

现在，不少妈妈有了孩子后当起全职妈妈。也有爸爸会觉得，妈妈就应该在家里踏踏实实地带孩子，一旦你有想出去工作，做一些自己喜欢做的事情的想法时，他们可能会不理解，因为你出去工作，还得请别人来照顾孩子，这样做其实是得不偿失的。

全职妈妈，对于大部分家庭来说，都是一种阶段性的选择。

首先，宝宝出生后，的确需要依靠爸爸妈妈建立对世界的认知，但这并不是说你的生活要全部围绕孩子。你不必为了喂奶，每天捏着鼻子喝鲫鱼汤、猪蹄汤，并不是说你吃得越多，孩子就会长得越好。

其次，照顾孩子并不是要帮孩子完成所有的事情。在陪伴的同时，让孩子养成自我管理的好习惯，可以帮助孩子掌握生存本领，同时也给我们自己留出成长的时间和精力。这些道理是我在教育孩子的过程中渐渐悟出来的，无论什么时候我们都不应该放弃自己。要先做好自己，再做好自己的家庭角色。养育孩子，真的就像跟着他们重新经历一遍童年，重新找到自己的过程。

我们可以做个规划，在孩子什么年龄需要我的时候，我要付出的精力是多少？然后，留一点儿时间给自己。比如当孩子入睡之后，给自己留出半小时，敷一片面膜，翻两页书。良好的身体状态和精神状态也会影响整个家庭氛围。

不论你的老公是否积极参与育儿，你都不能自暴自弃，要把自我成长放在首位。育儿合伙人，合伙但不依附，每一位女性都要坚持自我提升，心灵独立，成长为更好的自己。

妈妈如何提升自我？

1. 悦纳自己

不要把自己放在付出者、受害者的位置上，接受现状，然后去改变，这样做永远也不晚。女人爱自己的最好方式，就是自我成长——善待自己的身体，悦纳自己的一切，读书、健身、护肤、旅行，把爱自己落实在行动上。

2. 保持经济独立、心灵独立

保持经济独立，找到自己擅长和喜欢做的事情，然后开始去做。经济独立、心灵独立永远是自己的退路，即使出现不可挽回的情况，依然有底气做自己。

3. 平衡好家庭关系

娘家的事女方去解决，婆家的事男方去解决，尽量不要引发正面冲突。

马丁说

看过《爱情保卫战》的请举手。

看过《老师请回答》的请举手。

看过《职来职往》《向前一步》的请举手。

看过我的演讲《中国式父亲》的请举手。

大家发现了吗？我主持过不少类型的节目。但是，让我成为一个更好的丈夫和父亲的是《爱情保卫战》和《老师请回答》。我是把在生活中学到的智慧用到了节目里，成为情感导师，又把节目里学到的知识用到了生活里，努力成为一个合格的爸爸。

别人的故事可以让我们看清自己的问题，专业的教师可以让我们更好地教育孩子，而最重要的是，你要充当好家庭里的那个角色，和太太携手“打怪升级”，做让长辈放心的依靠，做孩子的好榜样。

都说男人到了中年，最为辛苦，但是生活不就是痛并快乐着才最有意义？

从这一刻开始，重新学习成为更合格的男人吧！

第三章　育儿合伙人如何合作？

育儿合伙人要统一立场，尊重孩子、信任孩子，给孩子坚定一致的方向感。

夫妻遇到育儿分歧怎么办?

夫妻双方经营家庭、共同养育孩子并不是一件容易的事情。

我们说在养育孩子的过程中，夫妻要统一立场、统一战线，但是，谁家爸爸妈妈没有个意见不一致的时候呢？大部分家庭都会遇到这个问题。

婚姻的最大危机，不是争执，而是冷落。遇到分歧是常态，找到解决办法才是关键。我们的生活就是不断遇到问题、解决问题的过程，以合作为基础，创造更好的生活。

早发现，早沟通

你有没有想过让孩子不去上幼儿园？我曾经因为这个问题和兔爸有过分歧。

2020年上半年，乔治上幼儿园中班，因为疫情在家里待了大半年，即使开学去上幼儿园，也是三天两头放假。用兔爸的话说就是“一个月上不了几天，学费都白交了”。于是，我和兔爸真的认真地探讨过这个问题，乔治是不是还要继续上幼儿园？

我有了给乔治办退学的想法，但兔爸当时是不太愿意的。首先，乔治退学后谁来照看他？他上兴趣班谁来接送？他没有了社交环境，会不会自闭？……于是，我们俩有很长一段时间在沟通，研究退学后的时间规划，等等。最终，在乔治中班下学期的时候，我们达成一致，给乔治办理退学，利用这一年的时间，让乔治做一些他感兴趣的事情。为此，我们俩也重新规划了工作和辅导姐姐的时间，尽可能多花一些时间陪伴他们。

为了给乔治开发一门兴趣，后来，乔治一个星期有五天去钢琴学校。一年过去了，他从一开始坐45分钟，有半节课都是老师在调动他的积极性，到后来他可以自主练琴一个小时，这样的改变是我们做出这个决定后最大的收获。

当然，这样的做法不一定适合其他家庭，但是对于类似的重大育儿分歧，夫妻双方都可以沟通商量，把生活中可能会出现的问题前置化，这样当问题出现时，我们才不会“慌不择路”。

提醒一点，商量的时候注意要“双向沟通”，就是夫妻双方都要把自己的观点和想法表达出来，互相交换意见，从而达到真正、有效的沟通，而非只是一个人说，另一个人听了不配合。有的人喜欢文字沟通，有的人习惯面对面沟通，不管哪一种方式，都不是单向的观点输出或接收，都需要双方的观点互换。

今日事，今日毕

很多家庭都是因为小事没有及时沟通和解决，然后矛盾像滚雪球一样，越滚越大，不断挤压，最终变成了矛盾爆发的最后一根稻草。因此，在合伙育儿的过程中，夫妻双方遇到育儿分歧，或者是矛盾冲突，都应该尽量做到“今日事，今日毕”，当天的问题当天解决，不隔夜。别让小问题发酵，酿成大问题。

为了多陪孩子，我和兔爸都常常调整自己的工作时间来带孩子。但是有一天时间就冲突了，我接到一个紧急任务要出门，但兔爸在打工作电话。如果我走了，乔治就没人管了。孩子喊了很久爸爸，爸爸都没有理他，而我又着急出门……

这时候，我就有点生气了，心想：为什么我忙的时候，你不帮着带孩子？你忙的时候，都是我在带娃啊！

晚上回到家后，我仍然在自己生闷气。但是，兔爸其实是什么都不知道的，他对于“女人为什么会生气”这件事的智商为零。

这虽然和男女生理结构不同有关，但是我们也可以通过及时沟通来解决，不要让这个小矛盾逐渐积压酿成大冲突。当我们责怪老公不帮忙带孩子时，想一想是不是因为我们根本没有把诉求明确地说出来？我们自己偷偷生闷气，只是想当然地认为男人应该自己有这个意识。

这个时候，我们需要的是：及时沟通和解决！不要对自己的老公有“我不说，你也应该知道”这种妄想。

睡觉前，我主动和兔爸进行了沟通，把今天发生的事情以及自己的想法告诉了他。我们俩经过沟通确定了我们合伙育儿的“纪律”：夫妻双方要互相补台，不能拆台，否则没有人管孩子是不行的。

第二天正好是周末，作为“奖励”，我就把孩子交给兔爸了。

夫妻相处是门学问，沟通一定要讲究技巧，不能带着一肚子怨气去谈话——那不叫沟通，叫点雷！俗话说“床头吵架床尾和”，夫妻之间有任何事情都要当天说，哪怕在睡觉前的几分钟沟通下今天的问题，都好过生过夜气，甚至第二天的冷战。另外，夫妻之间很多争吵，基本都是硬碰硬造成的，所以在沟通时点到即可，切记不要反复唠叨。

少指挥，多干事

你有没有发现，有不少中国爸爸都是“第三方爸爸”，他们一般不是从参与者的角度，而是从第三方的角度来观察和思考事情。

兔爸收拾东西有点强迫症，对于家里的物品摆放有严格的要求。他的东西一定要求分类摆放、分类管理。但是平时兔爸很少参与家务劳动，却要求别人也按照这样的标准去做。例如马琪朵的物品摆放问题，兔爸总是要求马琪朵收拾桌子一定要收拾到桌子上看不到东西。但是，我觉得一个孩子的书桌上不可能一样东西都没有，书桌就是以方便学习而存在的。

经过沟通，最终我们达成的共识是：马琪朵的书桌上可以有经常用的物品，其他物品要收拾好。每个星期，兔爸会带着马琪朵一起收拾书桌。经过这件事，我发现兔爸也在逐渐妥协和改变。

家庭矛盾的产生，有时就是因为夫妻双方没有按照一方的“指挥”做事而导致的。想法不一致时，我们尽量少去指挥另一半，每个人都有自己的生活方式，如果真的需要改变，我们可以多用行动去影响对方，说得再多不如做一次。

在育儿合伙人团队中，妈妈可能是付出更多的那一个，俗话说得好：“没有行动，就没有发言权。”如果遇到无法决定的事，妈妈就是核心管理者。如果有夫妻双方无法解决的事情，可以借助第三方来解决育儿分歧，可以共同查找相关育儿书籍，听听专家的建议，或者询问身边有经验的长辈等。

马丁说

1. 不管是不是真的对，在心理上要坚信：媳妇儿永远是对的，也包括在教育孩子过程中发生争吵时。请珍视吵架之后先来跟你打破僵局的那个人，这时候虽然嘴上不认错，态度上其实已经服软了。如果这时你偏以胜利者的姿态，喋喋不休地逼问他错在哪儿，要他拿出自惩的办法，只会让战争二次爆发。爱，问结果不问细节。

2. 切记错上加错，争吵本身就不是什么好事，育儿的分歧未必是越辩越明。吵架之后，是决定感情去向很微妙的时刻。就算你不能先开口、先低头，也没必要非得分个输赢，否则，很可能两个人因此渐行渐远。看似赢得了面子，实则输掉了缘分。

3. 教育孩子不要总是“我觉得”，应该是“我们觉得”。不然，孩子也会无所适从。求大同，存小异，在孩子面前夫妻保持一致。

育儿合伙人的“三项全能”

在孩子们眼里，父母就是他们心中无所不能的“超人”。合伙育儿中，父母要合力承担起孩子们赋予的这个“殊荣”，发挥好父母双方各自的优势。

当好“孩子王”：让孩子在玩中受“教”

每个孩子都有自己的成长轨迹，可能有一天，你发现孩子突然喜欢“打人”时，请不要慌张。这可能是孩子到了特有的敏感期，是孩子成长发育的正常阶段。

乔治就有一段时间特别爱打人，常常把姐姐打哭。因为乔治喜欢看打怪兽的动画片，他会模仿里面的大战场景，经常“哼哼哈哈”地和家里人一起“玩”，但是他自己并不知道这样做会让别人不舒服。

我们的解决办法是：让爸爸和孩子们一起玩“摔跤比赛”！爸爸在和孩子们一起打闹的时候很“认真”，会提前讲好游戏规则，过程中不会因为他们两个是孩子就故意放水，偶尔也会让乔治感受一下“疼”。兔爸在和孩子们玩的过程中，每当乔治受不了时，爸爸就会问他：“这样你是不是很疼，你是不是想哭？你这样打姐姐的时候，姐姐也是很疼的。”乔治含着眼泪点点头。

在兔爸这个“孩子王”的带领下，原本爱打人的乔治感受到了这样做的不妥之处，从而改掉了自己的坏习惯。

没有爸爸陪着玩过泥巴、打过仗的孩子，童年是不完整的。对于爱打人的孩子，爸爸妈妈与其反复说教，甚至有意惩罚，不妨试着当好“孩子王”，参与到孩子的游戏生活中，陪孩子在游戏中领悟、在玩中受教，这应该是最不伤父子之情和母子之情的教育方法了。

偶尔演演戏：给孩子亲身示范

如果说生活像一部电影，那孩子就是这部电影的观众，而我们就是电影中的主人公。观众无时无刻不在观察父母以及身边人的各种言语、行为等，以此来构建自己的认知与行为模式。因此，在家庭教育中，父母除了要规范自己的言行举止外，还要偶尔当回演员“演演戏”。

孩子们小时候害怕打针，每次打疫苗都十分抗拒。其实这是他们的心理保护机制在起作用，孩子们对自己不熟悉的环境以及事物都会产生排斥。这时候，就是父母表演的关键时机了。父母可以再现自己小时候打针的情景，让孩子清楚打针这件事是怎样的，多一些了解，就会少一些心理上的不安。通过父母的情景再现，帮助孩子们减少对陌生事物的恐惧感，增加孩子们的安全感。

记得网上有个视频很有意思，大致是一家三口——爸爸、妈妈、儿子在吃饭。爸爸只吃肉，不吃青菜，吃了一口青菜就要吐出来，这时候妈妈拿着拖鞋就抡了过去。然后，儿子瞬间就低头开始吃起了青菜……

我们反对用暴力的方式解决问题，虽然这个视频有很多夸张、搞笑的成分，但是通过家人“演戏”，有时候真的可以达到润物细无声的效果。

当孩子遇到困难退缩时，当孩子无法面对失败时，当孩子不敢一个人睡觉时……我们作为父母能做的，不光是讲一些大道理，我们还可以给孩子们讲解我们小时候遇到的类似情景，甚至可以情景再现。你可以经常用这样的开场白：“妈妈小时候也害怕，后来……”“妈妈小时候也不想上学，但是……”

总之，通过展示父母的真实经历，或者“虚构”一些故事情节，可以让孩子们从父母的示范中得到反思和安慰，起到榜样指引的作用。

做好咨询师：帮孩子剖析问题

心理学者陈海贤在《了不起的我》中讲过这样一段话："当一个人跟我们说一件事或者吐露心声时，其实他对我们是有角色期待的。这种角色期待提供了我们的行为线索，让我们会不自觉地去顺应，从而做出符合这个人期待的行为。"

是的，从关系的角度看，我们都处在不同的关系当中，扮演着不同的角色。有了孩子之后，我们成为父母。当孩子向我们诉说、吐槽甚至抱怨某件事或某个人的时候，孩子其实对我们是有角色期待的。

那么，在孩子遇到问题或情绪异常时，我们的角色应该是什么呢？我想应该是心理上的咨询师。

孩子在成长过程中经常会遇到一些"麻烦事"。马琪朵有时候一遇到事情就会发脾气，管理不好自己的情绪。于是我们就会帮助她把整件事情重新梳理一遍，陪孩子一起重新去面对当时的问题，帮助她把问题分解，通过分析告诉孩子哪一个环节出了错，才导致她发脾气的，哪一个环节可以换一种方式去解决，等等。通过这种方式，让马琪朵在冷静的时候重新审视自己的情绪问题以及解决问题的过程，这样孩子下次遇到类似事件时，才能处理得更加得心应手。

总之，养育孩子，也是父母的自我修炼过程。在合伙育儿的过程中，父母可以有十八般武艺，瞬间变成孩子需要的任何角色：警察、调解员、裁判、咨询师、孩子王、朋友……在孩子们眼里，父母就是他们的英雄和榜样。

马丁说

1. 人天生爱玩，我小时候喜欢骑马打仗、斗鸡、打弹球，长大了喜欢体育运动、电脑游戏。人的成长史可以说是一部游戏史，爱玩、会玩的人拥有最可贵的好奇心和创造力。碰到工作上的困难，解决问题的方法也比较多，可以说这些宝贵的能力是在玩的过程中锻炼出来的。一个不会玩的人是乏味的人，一个不会玩的人生是无趣的人生。

2. 我在做节目时发现，有些孩子是不会玩的，他们的生活中只有学习、听话、循规蹈矩。他们的父母和教育者“扼杀”了他们“爱玩”的天性。这种唯分数和所谓优秀的教育方式，是时候做出改变了。

3. 身为父母最大的悲哀之一就是不会陪孩子玩，我们白白放弃了与孩子沟通和示范解决问题的最佳机会。不通过陪伴和游戏，我们无法和孩子真正成为“自己人”，心意不相通，没有游戏时的欢笑，孩子终究和父母是生分的。

育儿合伙人的育儿“神器”

合伙育儿过程中，父母除了要有“三项全能”，还需要借助一些育儿小“神器”，这些外力使用得当，就会让我们的育儿效果事半功倍。

“奖品池”：每天进步一点点

在我们小的时候，父母大都严格贯彻“不打不成才”的教育理念。慈母严父就是一个唱红脸，一个唱白脸。遇到孩子的各种行为问题大都是一顿“竹笋炒肉丝”。相信读到此处的你，小时候或多或少都挨过父母的打。直到现在，仍有不少父母在用这一套……但是，你有没有想过，打孩子真的管用吗?

耶鲁大学儿童研究中心的维吉尼亚 · M. 希勒博士，就以广泛意义上的行为主义心理学理论为基础，通过建立良好的行为表现和良好的结果与奖励之间的心理联系，证实了在教育孩子的过程中，适当的奖励是一种积极正面的育儿办法。即使是成年人，大部分情况下，奖励也是他们前进的动力。

这里的奖励，不是贿赂，而是对孩子良好表现的一种肯定与赞赏，正确的奖励方式能“吸引孩子的良好表现”。

我们家就给孩子们准备了一个“奖品池”，类似积分兑换那种。奖品池里准备了孩子们喜欢的各种小东西，例如乔治喜欢的动漫卡牌、剪纸用的各类彩纸、小发卡等等。我们会根据孩子们的表现来兑换相应的小礼物。

孩子们是需要激励的。通过激励，可以帮助他们强化好的行为，培养孩子们良好的习惯，用奖励督促孩子们每天进步一点点。

给爸爸化妆：另类奖励作用大

我们给孩子的奖励，可以是物质奖励，也可以是精神奖励。精神奖励，比如一个拥抱、一个表示赞赏的大拇指，还有周末可以和爸爸妈妈一起睡、陪妈妈上一天班，等等。奖励的设置要根据自己家庭的具体情况来定，有新鲜感的、另类的奖励是很容易激起孩子内心渴望的。

有一天晚上我没在家，兔兔和乔治一起动手烤了四个蛋挞，他们俩一人吃了一个，然后给爸爸一个，给奶奶一个。对于他们的表现，爸爸非常肯定，并且给了兔兔一个奖励——允许兔兔给他化妆。兔兔当时高兴得都跳起来了。

兔兔把妈妈的各种化妆品都拿了出来，眼影、口红、腮红、粉底液……满满地摆了一桌子，然后开始在爸爸的脸上“搞装修”，嘴里还念念有词：“爸爸你底子不好……”“爸爸，化得不好，可能是你长得太丑了……”“爸爸，你的眉毛要画浓一点儿，眼影给你涂紫色的，可不可以？”

兔爸坚定地践行了言出必做的诺言，被化成了一个葫芦娃里的蛇精，但是全家人都很高兴。

对孩子的另类奖励，是正向教育的小武器，也是天伦之乐的难忘时刻。

“番茄计时器”：提升学习效率

我一度怀疑，拖延是人的天性，为什么小小年纪的孩子做事能拖就拖，完全不懂好好利用时间？所以，网上盛行一句话：“不写作业，母慈子孝；一写作业，鸡飞狗跳。”

马琪朵写作业的时候极为拖拉，比如老师留的作业二十分钟可以写完，但是她会边玩边写，一会儿喝口水，一会儿玩橡皮，一会儿上个厕所，要一个小时才能完成。

生活中有不少孩子都有拖拉磨蹭的坏习惯，令很多家长头疼。分析其原因：一方面，孩子对所做的事情比较生疏，做起来比较慢；另一方面，孩子缺乏时间观念，做事没有紧迫感，无法专注在一件事情上。为了防止孩子们做事拖拉，我们不妨借助工具来帮助他们建立时间观念。

为了改变马琪朵拖拉磨蹭的坏习惯，我们给她配了一个“番茄”形状的计时器，写作业的时候就给她用游戏的方式计时。比如她写数学作业的时候，奶奶就会和她比赛，看谁先完成，谁的准确率高。如果在规定时间内完成的话，会有一定奖励。通过计时，马琪朵更有时间意识，配合着相应的竞赛游戏以及奖励，慢慢地，马琪朵写作业拖拉的现象有所改变，效率提高了不少。

当然，可以选用的计时器有很多种，机械小闹钟、电子闹钟等都可以。需要注意的是，我们在给孩子们“计时”的时候，要提前帮助他们把步骤和逻辑顺序理清楚。可以把今天需要完成的事情，分成两个或者三个15分钟，在每个单位时间内集中精力完成作业，只有把时间段落划分清楚、明确要求，才能有效地促进孩子们在规定时间内完成要做的事情，而不会流于形式，只追求速度，囫囵吞枣。

马丁说

1.物质奖励是最省事但最懒惰的方式，比如给钱，看似大方，实则吝啬。在奖励孩子的时候，充当“傻大款”的爸妈是真的傻。别跟我说你是为了培养孩子的理财能力，你就是懒得去想更有意义的非物质奖励。

2.面对任务或者难题，研究解决方法和解决步骤，分清轻重缓急和时间分配，是一个人一生中最重要的能力之一。无论是孩子面对学习，还是成人面对职场，这都至关重要。这才是父母最应该培养孩子的学习能力，而非单纯的学习成绩。

3.我是一个有严重拖延症的人，用我妈的话来说，不是“临上轿现扎耳朵眼儿”，而是“上了轿才扎耳朵眼儿，流着血去拜堂”。但恰恰是在帮助马琪朵克服拖延症的过程中，也治愈了我自己，感谢我的太太。

只动手不动嘴的情绪释放法

你是不是经常不理解，为什么孩子会因为一点儿小事就哭？

其实想想，我们人类从古至今，宝宝出生后的第一件事便是哭，哭是他们与生俱来的本领和生存的本能反应：饿了会哭，困了会哭，被人吵醒了也会哭；等长大一些，被人欺负了会哭，感到委屈了会哭，遇到难题也会哭。你有没有想过，是不是孩子没有找到其他适合的情绪释放方式？

孩子在成长过程中，尤其是到了青春期，一定会遇到各种情绪问题。因此，在孩子两三岁时，我们就可以有意识地教孩子认知自己的情绪：高兴、愤怒、哀伤、失落等，并体验不同情绪状态下的身体反应。只有认知了自己不同的情绪，孩子才能学会准确地表达，找到适合自己的情绪发泄方式。

乔治两三岁时，我们会在生活中告诉他：“姐姐抢了你的巧克力，你的眉毛立起来，攥紧拳头的感觉就是生气。”“当爸爸给你买你爱吃的糖果时，你眼睛弯弯的，小嘴合不拢，这时候你就是开心的。”……

孩子更大一些，就可以更准确地描述自己的情绪。兔兔是个暴脾气的姑娘，有时候和乔治吵架，她会这样描述自己的感受：“我心里有个小火山，像要喷发一样，很难受。”

“与其堵而抑之，不如疏而导之。”解决情绪问题最好的办法就是帮助孩子们疏导“情绪死结”，让孩子们的情绪洪水顺势而下，这样就不会有决堤的危险了。兔兔一般有不好的情绪时，我们都会和她一起分析，让她把问题讲出来，然后我们帮着一起解决。但是，并不是所有孩子都喜欢或者善于表达。有些时候，兔兔也会不愿意和父母面对面地进行语言沟通。

当亲子沟通遇到障碍，我们平时传授给孩子们的“深呼吸”冷静法不管用时，我们不妨借助一些小妙招，帮助孩子们释放情绪。这一节，我来分享几个小妙招。

“比心”手势：我与孩子的专属暗号

美国传播学家艾伯特·梅拉比安曾经提出：“信息的全部表达=7%语调+38%声音+55%肢体语言。”也就是说，我们的人际交往与信息沟通不仅有语言，我们的手势、动作等都能帮助我们传递信息。

当孩子产生负面情绪时，我们不是非得强迫孩子去表达、去沟通。我们要真正地尊重孩子，孩子不好意思说出口的话，可以不说，不好意思表达的情感完全可以用手势来代替。

我和马琪朵有一个约定，我们设计了一个“比心”的手势。有时候兔兔自己发完脾气后，她马上就能反应过来可能是自己不对，但是她又爱面子，不好意思和我道歉。这时，一旦她做出这个“比心”的手势，我很快就能心领神会：兔兔是想让我等她一会儿，她想和我道歉，但是现在还不知道怎么开口。于是，我就会给她充分的时间，耐心地等待。

马丁曾说过：“语言这东西，在表达爱意时那么无力，在表达伤害时又如此锋利。”虽然有些夸张，但是不可否认，有时候就算夫妻两人产生了争执，双方毫不退让时，一个拥抱、一个吻就可以化解所有的不愉快。

其实，每个家庭可以根据自家情况设计一些不同的手势、动作、暗语等，在孩子产生负面情绪，甚至是夫妻遇到矛盾的时候，都可以更加了解彼此的内心，以此来弥补语言在情绪处理方面的不足。

不愿意说，就写出来吧

有一年春节假期，兔爸买了一台Switch游戏机，想过年的时候在家里和孩子们玩。两个孩子知道后非常兴奋，不过春节期间快递运输时间长，东西一直没送到。在这期间都引发了好几场“家庭战争”：探讨每天玩多久，谁先玩谁后玩，吵一架；配件先送到了，主机还没到，又吵一架……

结果就是，在乔治的挑衅之下，兔姐特别生气，乱发了一通脾气。

当孩子们有了自己的小情绪，家长们不妨“闭上嘴”“动动手”。用冰箱贴、即时贴、漂亮信纸等小道具，试试让孩子们动手写出来。你会发现，孩子们很乐于把羞于当面交流的事情用写或者画的方式表达出来。

例如兔姐，当天晚上就在信纸上写了篇日记：

今天我非常非常生气。

爸爸买了游戏机，我和弟弟都特别激动，拆开发现只是到了一个配件。弟弟着急了，故意惹我生气，说我不喜欢的话。他一直说我输不起，其实他自己才是输不起。

妈妈见我们俩吵架，不想看就关门回屋了。其实我想跟妈妈好好说，我不跟弟弟吵了，但是没有控制住，心里就像火山一样，越想越生气。我也很想跟妈妈道歉，但是一想说就不好意思或者不敢说了。

现在，我心里还是想说：“妈妈我错了！我要学会控制情绪，控制心里的火山，不让它爆发。”

你有没有发现，家长和孩子当面谈话时，有时候说不了三句就会剑拔弩张，因为脱口而出的语言有时是没有经过反复思考的，是冰冷的，而当用写的方式呈现出来时，大多是经过思

每天晚上，我会在兔姐的笔盒里放一张手写的小纸条，兔姐每天都很期待上学，期待到学校去打开看这张纸条

考的，是更加有温度的语言。因此，文字的内容更容易得到对方的认同和感动。

在心理学领域，也有类似的方式，通过书写对自己的情绪做观察。很多心理咨询师会通过书信的往来与访客建立联系。书写作为一种表达方式，通常会表现出书写者更加冷静、更加客观的自己。

将情绪书写下来，有时候胜过面对面的千言万语，能够更加有效地宣泄情绪。

设置私域空间，帮孩子疏导情绪

有时候，平时很乖巧的孩子也会无缘无故地发脾气。作为父母的我们可能会感到莫名其妙，甚至会指责孩子无理取闹。其实，不光是父母时不时会有“无名火”，我们的孩子也会有。

这时，我们不妨试试给孩子设置一个宣泄情绪的私域空间。

每次马琪朵有坏情绪的时候，我会告诉她不要在客厅以及人多的公共区域释放自己的坏情绪，可以选择私密的空间。这是因为情绪会传染，马琪朵的坏情绪可能会影响到其他人。另一方面，每个人都有自己的秘密，孩子们是很爱面子的，可能有些问题不希望太多人知道。于是，我会和她一起回到她的房间，帮她剖析问题，进行疏导。实在难过的时候，哭出来也是一种释放情绪的方式。

有时，你会发现孩子们的“气”来得快，散得也很快。聊了没多久，马琪朵的气就消散大半。

设置私域空间，其实是尊重孩子的一种体现，物理上的空间带给孩子的也是心理上的空间，有利于孩子形成独立、完整的人格以及自尊自爱的心理世界。

马丁说

帮孩子疏导情绪，是天下最难的事情之一。有人会说：“马老师，我这上一天班累得不行，孩子一哭，我头都要炸了。”是的，作为父母，谁还没点小情绪呢？

但你要知道，情绪管理，对一个人的一生都很重要。如果你现在管不好自己的情绪，说明在你小时候，你的父母欠缺了这堂课。

父母要树立良好的榜样，为孩子营造温暖、和谐的家庭情绪氛围。不要把工作中的情绪带回家，更不要发泄在孩子身上。用最大的耐心和科学的方法对待孩子，让他们学会疏解和释放情绪，长大后他就是个情商很高的人。这是你留给孩子最宝贵的财富。

此外，习惯的建立并不简单，我们要反复帮助孩子建立情绪疏导的好习惯。

让孩子通情达理，肯定不会一蹴而就，但会受益终生。

告别溺爱，让爱与规则同步

也许你也有过这样的体验：小孩子好动，拿东西拿不稳，尤其是小朋友端碗时，家长们都提心吊胆，害怕孩子打碎碗。其实，在孩子的成长过程中，父母担心的岂止是孩子打碎一个碗呢？父母会担心孩子这个做不好，那个做不好。于是就有了什么都不会做的孩子，以及什么都帮着做的家长。

这样的中国式父母就有了一个统一的称呼——“直升机父母”，意思就是说孩子一遇到困难，就会呼叫父母，父母收到呼叫后就会立马降落到孩子的身边。每时每刻，无处不在。

兔兔2岁时，自己吃饭常常抓得满脸、满手都是饭，姥姥特别看不惯，就会主动喂她，想着让她赶紧干干净净地吃饱。但是，想一想，衣服弄脏了又怎样？洗一下就好了。小脸弄脏了又怎样？擦干净就好了。饭菜撒了又怎样？收拾一下就好了。碗打碎了又怎样？下次给孩子准备个塑料碗就好了。

孩子的成长就像一场马拉松，对于孩子每个阶段的状态，我们大可不必惊慌失措，可以把孩子特定阶段的问题放到整体发展的角度去看待，这样在面对孩子的各种问题时，我们才不会锱铢必较。为了孩子的成长，请放手让孩子自己去尝试吧！

适当对孩子说“不”

有一次我带着兔兔去超市买牛奶，碰巧看到一个小男孩在地上打滚儿，缠着妈妈给他买玩具，妈妈当场就拒绝他：“家里已经有很多这样的玩具了，我们不买了。”说完拉着他就要离开。

那个小男孩却不肯离开，在地上打着滚儿，又哭又闹，还朝妈妈吼道：“不，我就要……”引起很多人的关注，此刻，我想那位妈妈心里一定崩溃极了。

兔兔也有过这样的时候，不给买就赖着不走。后来我们每次出发去超市前，一定会约法三章，能买什么、不能买什么都会提前说好。如果能遵守我们的约定，下次就可以奖励一个她自己想要的东西。

曾经我也不知道如何应对这种当街撒泼打滚的场面，孩子一发脾气，我就头皮发麻，尤其是在公共场合，恨不得找个地缝钻进去。后来我找到了问题的缘由，明白了孩子发脾气很正常，如果一味地满足、退让的话，时间久了，孩子反而会把自己这种反抗当作试图控制父母达到自己目的的手段，这反过来又助长了孩子们的“嚣张气焰”。

法国著名教育家卢梭说：“当孩子哭着要一样东西的时候，不论是他想更快得到那样东西，还是为了使别人不敢不给，都应当干脆地拒绝。”

心理学上有一种理论叫递增效应，意思是说如果刚开始时我们对孩子妥协，那么后面孩子会越来越有恃无恐。所以，我们不做严厉的父母，但要一起坚定而温柔地说“不”，让孩子更有规则意识。

有一段时间，兔兔天天在家说：“我不想上学。”有时她生病了，我们会让她在家休息，但兔兔不断地用“我不想上学”这句话来试探我们。我觉得温柔本身并没有错，但不能无原则地娇宠、袒护孩子。如果不约束孩子，她还会反复地试探父母的底线，甚至还会“得寸进尺”。

这时候，我和兔爸立场统一而坚定：“没有任何理由，不可以不上学。”

还有一次，兔兔和爸爸在家，本来应该写完作业再玩，由于爸爸的立场不坚定，被兔兔拉着一起玩了起来。导致的结果是：晚上11点了，兔兔还在“赶工”写她的作业……

人从生下来就是社会人，都要遵守一定的规则。让孩子们知道任何时候不是你想做什么都可以做的，在规则约束下的自由才是真正的自由。

我们不能压抑孩子表达情绪，但是也不能放纵孩子。教育不是一味地满足孩子，爱与规则同步，才能养出好孩子。

给孩子留下讲条件的空间

不知道别人家七八岁的孩子是不是也这样，兔兔最近一段时间特别有主意，觉得自己长大了，凡事都想自己做主，你说东她往西，而且脾气倔强。对于父母“安排”这件事，每次都会提出异议，想要反抗斗争一下。

有一次兔兔放学回家，看到奶奶买了一个套圈玩具，就玩了起来。

因为她一会儿还有网课，我就提醒她。兔兔却说：“我不想上课，就想玩这个玩具。”我坚定地跟她说：“今天的课一定要上。”其实心里给她留出了一些谈判空间。后来，我们俩达成共识——兔兔先上课，再玩套圈，有时间可以再看20分钟电视，她瞬间有自己“赚到”的感觉。

育儿的过程，就是和孩子们“斗智斗勇”，不断“博弈”的过程。而在“博弈”的过程中，不是说只有必须听父母的，或者听孩子的这两条路可以选择。我们还有第三条折中的路，这条路可能是孩子极力争取到的，如果不涉及原则问题，那又何尝不可以选择这条路呢？

在温柔说“不”的时候，如果妥协结果无伤大雅，那么，请父母一定要给孩子留下讲条件的空间。哪怕在表面上让孩子觉得是她赢了，她一定会为自己争取到的权益而开心很久。

马丁说

主持人的工作特别神奇，我能接触到各行各业的人，包括很多特级教师。北京师范大学第二附属中学的特级教师何杰老师传授给我一个如何让孩子讲道理、守规矩的秘诀——温柔而坚定。孩子不讲理，未必要打、要骂。原则问题、说好的规矩，比如回家就写作业、不能乱买东西、不能迟到，执行起来必须坚定。很多家长在该温柔时坚定，该坚定时弹性，结果就是孩子不讲规矩，乱发脾气。那么试想他长大后会变成什么样呢？

合伙育儿中必不可少的奖惩机制

合伙育儿是一种用心的艺术。除了前面谈到的一些养育方法外，家庭的长效奖惩机制也是一种有效的教育方法。

奖励的力量

我国著名教育家陶行知先生说过：“教育孩子的全部秘密在于相信孩子和解放孩子。相信孩子，解放孩子，首先要赏识孩子。”

其实每个孩子的内心都渴望得到别人的肯定和称赞。爸爸妈妈要主动发现孩子的闪光点，当孩子刚建立一种良好的行为时，家长及时给予肯定和鼓励，会帮助孩子形成内在的动力。奖励是有力量的，你越是从期待的角度称赞孩子，你越会发现，他会慢慢地朝你期待的样子发展。

有一次，乔治在家里翻出来一个零食箱，那是姐姐悄悄藏起来的。所谓零食箱，就是一个装月饼的盒子，里面装满了巧克力、月饼、糖果等。这些都是马琪朵平时得到的奖励，比如马琪朵能按时洗漱上床睡觉，能主动帮忙，能照顾弟弟，能收拾自己的书包等，类似的小事情都会有相应的奖励。

姐姐没舍得吃，就一点点存了下来。后来，姐姐真的攒出了一大盒小零食。

我拿出来一看，这些零食大都过期了，就对乔治说："除了这个巧克力，其他都不能吃了，过期了。"听到这句话，乔治哇一下大哭起来，止都止不住……

"这是姐姐的零食箱，你为什么哭得那么伤心？"我好奇地问乔治。

"我表现好，姐姐会分给我吃的，现在表现好也吃不到了，哇……"乔治哭着说道，"感觉再也没有表现好的动力了……"

原来是这样，乔治会因为想得到姐姐的奖励而努力好好表现。这不就是小奖励所赋予的大作用吗？

生活中的小事，我们都可以用不伤和气的方式来处理，比如乔治不爱吃菜，那就奖励他吃完菜后出门骑自行车，不爱洗澡就用姐姐的桃子味的沐浴泡泡激励他……再比如，为了让姐姐和弟弟睡午觉，我答应他们"谁睡午觉，睡醒了就会有个小奖励"，结果弟弟睡了，姐姐没睡。于是，弟弟得到了人生中第一根独享巧克力冰棍，姐姐眼巴巴地看着，羡慕极了。

我们家兔姐很喜欢炒菜做饭。每次做完菜，我们给她最好的奖励，就是真诚地赞美，以及把饭吃完。这样的精神奖励，会比物质奖励让孩子更有幸福感。

惩罚也要讲求技巧

奖励是孩子成长过程中不可缺少的教育方法。多夸赞、奖励孩子，是对孩子的一种外在激励。但是，我们的孩子都不是“完美小孩”，在生活中不会永远收获夸奖。

当孩子犯错时，合理的惩罚是有必要的。但是，父母一定要避免打骂、吓唬孩子，我们可以把惩罚当作培养孩子的一种途径。兔兔有时候犯些小错误，也会有相应的惩罚，比如罚看半小时书，或者练字等。通过这样的“惩罚”，让孩子获得某些好的习惯，也是一件一举多得的事情。

有一次，兔兔和乔治因为抢乐高玩具，动手打起了架。原因是，乔治特别蔫坏，他知道姐姐的性格比较冲动，也知道让姐姐发火的导火索在哪里，于是，乔治就使劲儿拱火，导致姐姐先出手打人，犯了错。

于是，姐姐被罚站了，而乔治还幸灾乐祸地跑过来看……

对于二胎家庭来说，不论吵架还是打架，我认为最好的处理办法就是两个人一起承担，有福同享，有难同当。毕竟一个巴掌拍不响！父母千万不要站队，不能偏袒一方。

于是，针对这次抢玩具打架事件，我说：“你俩谁也跑不了。”于是，两人一起罚站。乔治还一副不服气的样子！

我跟他说：“表现好就减少罚站时间，表现不好就要增加时间。”

站了一会儿后，我问他们俩：“一人提一个解决方案，以后再打架怎么办？”

弟弟说：“妈妈把玩具收起来，我们玩一个安静的游戏。”

姐姐说：“我们的乐高都要拼完了，我们不抢了，我暂时不用的给乔治玩，如果乔治拿走了，需要什么我跟弟弟好好说，不抢也不打了。”然后她转头问乔治，“可不可以？”

“可以。”乔治说。

“那我们俩一起道歉，一起说对不起，再拥抱一下，妈妈能不能原谅我们？”

“可以，一会儿好好玩，还可以奖励一个棒棒糖。”我说道，这件冲突就这样解决了。

其实，奖励和惩罚不是相对立的，我们在育儿的过程中要做到奖惩分明，也要综合使用奖励和惩罚。同一件事中，如果孩子做得好就表扬，不好的地方要批评。总之，无论父母选择什么样的奖励都应该是能够吸引孩子的，在符合孩子身心特点的基础上进行的。同样，惩罚也要根据自己的家庭情况来定，并且要建立在尊重孩子身心健康的基础上。

在合伙育儿的过程中，合理利用奖惩制度，不仅能够让孩子明辨是非、约束自身行为，还可以给孩子建立初步的规则意识，引导孩子更快地适应社会。

马丁说

我小时候因为淘气经常被邻居、老师们投诉，一投诉就会被我妈惩罚，我妈给我的惩罚，常常是去书房罚站。

到书房罚站，也没有别的事情可做，于是我就开始在罚站的时候看书，我看得很入迷，有时候该吃饭了，我妈叫我，我也不舍得出来。后来我妈说，我爱看书就是因为小时候罚站培养的。

这样的惩罚方式，或许可以成为培养孩子习惯的一种方式。

第四章　育儿合伙人如何分工？

分工，并非简单地“男主外，女主内”，也不是“一个唱红脸，一个唱白脸”，夫妻二人要各自发挥所长，扬长避短才是最好的方式。孩子也会在其中学会沟通、学会合作，增强责任感。

妈妈按暂停，爸爸巧分析
（解决孩子爱发脾气的问题）

有一天晚上，我下班回家，看到兔兔开着一个小夜灯打着地铺睡着了。我问奶奶："兔兔怎么了？"奶奶说："兔兔生气了，自己抱着被子要在地上睡。"原因是她跟弟弟抢电视遥控器，两个人闹矛盾，生气了……第二天早上起来，她说起话来还是气鼓鼓的。

我就问她："兔兔，你知道怎么控制你的情绪吗？"

兔兔说："可以深呼吸，还可以想开心的事，我有时候可以控制，有时候就控制不了。"

与兔兔不同，乔治弟弟释放情绪的方式就是哭，谁拉他，他就讨厌谁，嘴里喊着"我讨厌妈妈，我不喜欢妈妈"，然后大哭一顿。

等他哭完，我问他："发泄完了吗？"

他点点头。然后我就抱抱他，抱完就跟没事人一样，刚才的狂风暴雨就像没有发生过……

所以，千万别跟小孩生气，这样只会让自己生气，因为孩子们可能转脸就忘了……小朋友管理不好情绪是特别正常的。对于这种情况，父母要根据自身特长做好分工，想点小妙招。

先解决情绪，再解决问题

孩子爱发脾气，和家庭教育有直接关系。父母是孩子最早的启蒙老师，父母日常所表现出来的品质，孩子会在潜移默化中受到影响。如果父母没有给孩子做好榜样，自己爱发脾气，孩子可能也会爱发脾气。尤其是在独生子女家庭，如果在家就事事以孩子为中心，久而久之，孩子的脾气会越来越大。

心理学家认为，孩子在闹脾气、尖叫吵闹时，一方面是表达情绪，一方面是要引起父母的注意。这时，父母大声呵斥“别哭了！不许叫！”是没有用的，父母的态度既不能过于强硬，也不能过于软弱，我们要做的是关注孩子这些行为背后的情绪，先帮孩子稳定好情绪。

生活中，我比较善于共情。在马琪朵情绪失控的时候，我都会帮她先按下情绪暂停键，通过共情让马琪朵的情绪稳定下来。

2020年由于疫情，马琪朵大半个学期都在家中度过，一直疯玩儿，结果9月份再回到学校时，第一次数学摸底测验，她就考砸了。

那天公布数学成绩后，她到家就满脸丧气地朝我走来：“妈妈，我这次数学考得不太好。”

看到她一脸沉重的样子，我只能尝试先安抚她的情绪。（我知道这个小家伙已经完全被她的“右脑”支配了。研究显示，人的左脑侧重理性和逻辑，右脑侧重形象和情感功能。）

我用舒缓的语调问：“没考好是多少呢？50分？”她低着头说：“比那高一点儿。”我又故意把分数往低了猜：“那……55分？”她看我的预期值并没有那么高，脸色稍微好转：“比那还高一些。”这么来回猜了几个回合之后，她终于说出了那个令她丢脸的数字：“妈妈，是78分。”

马琪朵是他们班的数学课代表，一年级的时候成绩都不错，会考100分，从来没低过90分。

看来这小家伙真是被打击到了！我得让她明白这不是一件多么严重的事：“咳……78分没什么大不了的，妈妈小时候还考过38分呢！”

紧接着，我又与她一起分析错题，对她答题过程中犯的错误表示了理解。

那次跟马琪朵聊过后，她对学习的信心又恢复了，在之后的数学考试中，每一次都有小进步。

其实，每当她情绪崩溃时，我常做的就是聆听和关注，跟她做到情绪共鸣，让她知道我能对她的心情感同身受。通过这种方式，让马琪朵的情绪小火山渐渐平息下来，消除“火山爆发”的隐患。

当然，稳定情绪还可以通过其他方式，比如在我们家有时候孩子闹脾气、尖叫的时候，我们会采用“打岔（chà）”的方式来转移注意力。比如乔治突然尖叫起来，我们就会唱一首音很高的歌曲来“淹没”他的尖叫声。小孩子的情绪来得快，去得也快，通过好听的歌曲来转移孩子的注意力，孩子的坏情绪可能很快就过去了。

第二种方法就是肢体接触。如果孩子尖叫、闹情绪，我会立刻抱起孩子，让孩子的脸挨着自己，一方面让孩子的尖叫声降低，另一方面给孩子安全感，让孩子的情绪逐渐稳定下来。

引导分析有技巧

有时候，我的共情也会失败。

有一次，马琪朵竞选班级中队委。竞选之前，她踌躇满志，写了满满当当几页纸的竞选宣言，包括为什么参加这次竞选以及竞选成功后能为班级做什么贡献……

结果，她落选了。规定是得票数前七名的同学入围，恰好她的得票数排在第八名，只得了一个小队长的头衔。

回家后，当我问起她的竞选情况时，她只说了一句“只得了一个小队长”，然后就开始号啕大哭。我试图安慰她：“没关系，没竞选成功中队委，不还竞选上了小队长嘛，小队长也是可以为班级做很多贡献的。”

然而，这时的马琪朵已经被糟糕的情绪淹没，我怎么说也没用。于是，只好请她的爸爸帮忙。

与我相比，兔爸逻辑思维更好一些，他在处理女儿的问题时更像一个冷静的外科医生，总能条分缕析地找到最致命的症结所在。

他并没有像我一样安慰马琪朵，反而向她提了一个问题：“为什么你的得票数是第八名，你有没有想过前七名的同学有哪些优势呢？”

（爸爸知道现在最有效的哄娃方法，就是调动起孩子理性的左脑。）他想引导孩子通过分析整个竞选过程，安抚情绪。一来，借此了解自己的情感；二来，可以启动左脑，用语言和逻辑把事情理顺。

果然，马琪朵听后停止了啜泣，开始回忆那七名同学的优势，并一一说了出来。兔爸听后肯定地说：“这就对了，你看入选的前七名同学每个人至少有一项优势极为突出，他们要么成绩特别好，要么人缘特别好，要么能歌善舞……对吧？”

看到马琪朵在认真听，兔爸又趁热打铁：“你们班中队委每年都会选一次，现在你是不是要先列几个小目标？看看在哪些方面努力能超过前七名同学，然后按计划一步步提高自己，明年到这个时候，你竞选成功的概率肯定会大大提高。”

最后，兔爸还不忘鼓励马琪朵：“你现在是‘一道杠’(小队长)了，已经是我们马家最大的官了，爸爸妈妈连小队长都没有当过！”

兔爸的及时开导，既让孩子弄清了自己为什么失败，又帮她找到了努力的目标，非但没让这次落选成为马琪朵心里的阴影，还让她日后再遇到同样的挫折时，学会了以积极、健康的心态去面对。

马丁说

总结一下长期与马琪朵斗智斗勇的经验，也适用于大多数孩子。

1. 帮孩子梳理情绪

顺着孩子的情绪说，引导孩子说出自己的感受。可以询问孩子“你是不是生气了？”“是不是感到很难过？”等等，只要他是点头的，开始沟通，气就消了一半。

2. 用孩子的语言去沟通

对和不对的事情，可以用他们认知里的魔鬼和天使，正义使者和怪兽，公主和女巫等类比方式去告诉他，这样孩子更容易理解。

3. 引导孩子疏解情绪，找到打败魔鬼的方法

比如深呼吸、画画、唱歌、跑步等，告诉他你这么做就能拥有打败魔鬼的魔法。

4. 承担后果，接受惩罚

犯了错要接受惩罚，孩子会慢慢在心里建立起规矩意识。

父子参赛，妈妈当裁判

（解决孩子挑食的问题）

妈妈："吃饭啦！"

孩子："我不吃香菇。""沙拉也不好吃。""豌豆味道怪怪的。"

妈妈："快点吃！"

吃饭，本应是最放松、最幸福的时刻之一，但是有了娃后，不少家庭的餐桌却变成了父母与孩子斗智斗勇的战场。

挑食是个生理问题

马琪朵从小到大都不挑食，你看着她吃饭，都觉得饭好香。但是乔治就有挑食的问题，这点特别像他爸爸，因为爸爸就是只吃肉，水果和蔬菜都不怎么吃。所以每次给乔治做青菜炒肉，乔治能把里面的肉挑得干干净净，却不怎么吃菜。有时候看乔治吃饭，真在旁边干着急。

后来我慢慢发现，绝大多数孩子在成长过程中或多或少都会出现挑食的现象，一般情况下，孩子在不同的年龄阶段喜欢吃的食物也是在不断变化的，可能孩子四岁之前不爱吃西红柿，但是长大后变得爱吃了。挑食这个问题，要放在一个较长的时间段里，从整体养育的角度看，你就不会太焦虑了。即便是大人，也有自己偏爱的饮食习惯，我们不能保证自己能吃所有的食物，所以也不要力图让孩子能吃所有的食物。

针对每个孩子的不同情况，父母要具体问题具体分析，吃多吃少真的是因人而异。如果孩子吃得很多，已经"横着"长了，那就要适当控制下孩子的食量；如果孩子正在长身体，确实特别容易饿，我们就要尽量满足孩子的生长需要。

我记得我小时候就特别能吃，那时候确实是在长身体的阶段，但是我奶奶总是担心我吃多，让妈妈晚上不要给我加餐。不过，妈妈并没有控制我的饮食，所以现在我身高1.76米，真的特别感谢妈妈。

不过，也有孩子长期拒绝某种食物的，排除医学上的食物过敏外，很可能是有意识地选择性挑食，这是我们可以干预的。孩子长时间挑食，可能会导致营养不良、抵抗力低、容易生病。英国一项调查研究表明，挑食、偏食的孩子在智力发育指数上要比营养摄取全面的孩子低14分。

改变挑食有方法

改变孩子挑食的毛病，培养孩子良好的饮食习惯，家长千万不要强迫孩子“顺从”，这样只会更糟糕，孩子也会产生焦虑心理。孩子挑食，父母需要多一些耐心和包容，通力合作，给孩子改变的时间，帮助孩子养成健康的饮食习惯。

1. 和孩子比赛

要让孩子不偏食、不挑食，父母首先要起到示范作用，以身作则，不挑食，对食物表现出进食欲望带头吃，吃完之后可以大加赞赏，这样孩子受到感染，也会慢慢效仿和尝试。

兔爸本身也是爱吃肉，不爱吃菜，为了改善乔治严重挑食的问题，我会鼓励乔治和爸爸一起加入“消灭菜菜”的比赛中，看谁先把自己的那堆菜消灭干净。

这时候，妈妈就可以作为父子比赛的裁判，帮他们喊“开始”，然后加油助威，激发孩子吃饭的斗志和欲望。这样一来，孩子的注意力就集中在和爸爸的竞赛中，忽略掉不喜欢吃菜这件事，慢慢地，有很多菜乔治也开始接受了。

2. 烹饪是个技术活

孩子不爱吃饭，也有可能是父母做饭“难看”，也不太好吃。这时候就需要父母在保证营养的前提下，尽可能地在烹饪上多下功夫，合理搭配食物颜色，变换饭菜的形式。例如孩子不爱吃青菜，那就把各种青菜包成饺子，不爱吃鸡蛋黄，那就把蛋黄拌到爱吃的食物里，等等。改变食物本身的样子，进行技术性改造，孩子可能会突然喜欢上它的味道。

3.给孩子选择的机会

每次吃饭，我们都会多炒几个素菜，然后跟乔治像做游戏一样，设一个“必选题”，让乔治从几个素菜里面至少选择一样。刚开始乔治都会选择“弃权”，桌上的菜都不选。然后，我就给乔治继续划分出来两个“必选菜”，在这两个里面选择一个相对爱吃的。

对于严重挑食的孩子，不是非得强迫孩子去吃他无法接受的食物，而是尽量让孩子在合理饮食的基础上能够更加健康。

4.耐心告知孩子挑食、偏食的危害，引起孩子的警觉

孩子不爱吃胡萝卜，那我们就告诉他胡萝卜可以让我们的眼睛更明亮。不吃胡萝卜容易导致缺少维生素，我们更容易生病，让孩子明白这些食物是我们身体成长过程中必不可少的。

5.有进步要夸奖

孩子不爱吃某样东西，可能是第一口的时候觉得不好吃，于是就放弃尝试了。其实好多食物你越吃越觉得好吃，因此要多鼓励孩子尝试不同的菜，如果孩子今天有进步，多尝试了几口平时不爱吃的食物，那我们就要及时给予鼓励和表扬，增强孩子下次尝试的信心。

马丁说

我发现了一个很神奇的现象：在家吃饭千挑万挑，在学校吃饭盆干碗净。那就要研究一下是什么原因了。

1. 在学校里，没人惯着。在家里，父母和长辈是孩子挑食的“始作俑者”。所以要向学校学习，规定时间内必须吃完，久而久之就形成习惯了。

2. 学校里小朋友多，抢着吃才香。我们在家能否营造这种抢着吃的氛围？

3. 孩子挑食，也不能都怪孩子，有的家长做的饭实在太难吃了。那就改进厨艺，把孩子不爱吃的食物做得好吃一点儿。

爸爸正确引导，妈妈暖心陪伴
（解决孩子沉迷于电子产品的问题）

网络信息时代，我们的生活几乎离不开电子产品，孩子们需要通过电子产品获取各种信息，也能从中学到很多知识。

回想我们小时候，没有电子产品也玩得很开心，但是现在的孩子们被各种电子产品包围。电子产品对于我们来说，真的是一把双刃剑。如果家长不管，孩子们很容易上瘾。尤其是电子游戏，孩子们对其真的是没有抵抗力的，甚至大人都无法很好地控制自己。那些电子游戏也正是抓住了人们的心理，不断制造吸引点，让人们越玩越想玩。

我认为，孩子们接触电子产品是可以的，但是有相当数量的孩子因为接触电子产品而沉迷其中。

乔治迷上了平板电脑

有一次，乔治看平板电脑的时间有点长了，爸爸就关掉了他的平板电脑。乔治看得正起劲儿呢，突然被关掉了就特别生气，具体表现就是：把平板电脑往地上一扔，攥着双拳，咬牙切齿，鼻孔出着粗气，撒泼打滚，甚至对爸爸拳打脚踢……

爸爸没有立即严肃地批评、训斥他，而是让乔治回房间反省。在乔治平静下来后进行沟通、引导，同时和乔治达成了共识：第一个是电脑、电视、手机等电子设备的开启和关闭，必须要有一个有效的口令，说好了咱们再看；第二个是随便发脾气、打人是不对的，有情绪可以沟通，讲出来，不能打人。最后乔治向爸爸道了歉，爸爸也和乔治道歉说：“下次爸爸会多给你几分钟时间自己关掉。”

对于这种情况，家长不能强硬地控制孩子，因为孩子们的好奇心是很强的，可能因为现在没有接触，后面会因为好奇而更加沉迷于游戏。通过爸爸的引导，乔治明白了看平板电脑是有时间限制的。

马丁说

背诗换游戏时长

有一年春节，我买了个游戏机，初衷是让大家假期在一起运动。但是这个游戏机上还有很多好玩的爬山、赛车等小游戏，马琪朵和乔治春节期间玩得非常开心。春节过后，马上要开学了，我们就开始控制游戏机的使用了。

但是刚开始不让他们玩的时候，马琪朵和乔治都忍不住，还是吵着要玩。于是我就找他俩谈话，最终沟通的结果是：确立了一个游戏机开放日，即每个周末开放一次游戏时间，这个游戏时间的长短取决于孩子们背诗的多少，背一首诗可以换15分钟的游戏时间。

周一至周五，孩子们可以通过背古诗来攒一定的游戏时间，等到周末的游戏开放日使用。比如乔治如果在周末前背会一首诗，那他周末游戏开放日能玩15分钟游戏。背得越多，获得的游戏时间就越长。

现在兔兔和乔治每天都会自己主动学诗，学会了再主动找我背。乔治的积极性特别高。有时候我会偷偷地计算，如果这样下去，两天背一首，一个月下来就是15首，那一年下来，乔治的诗词量就很了不得了。

亲子陪伴更重要

诚然，除了正确引导孩子使用电子产品外，我们需要给予孩子更多的陪伴。

调查显示，很多沉迷于电子产品的孩子都是因为亲子关系的疏忽、父母陪伴的缺失导致的。孩子们回到家后，没有良好的亲子陪伴、和谐的亲子互动，就会主动去寻找可以获得慰藉的替代品，正好电子产品可以吸引孩子的兴趣和关注，于是，这些孩子就会在电子产品中寻求一种互动关系，来弥补亲子关系的缺失。

现在的孩子都会上一些网课，这时候更是孩子容易被电子产品“诱惑”的时候。有的孩子借上网课之名干打游戏之实，有的孩子在妈妈面前学习，妈妈一走，瞬间切换成游戏模式……

乔治之前会用平板电脑上网课，在得到允许后，他也会玩我们提前下载安装好的游戏。但是后来，为了不让我发现，乔治会偷偷下载游戏，玩完后再偷偷删掉。突然有一天，我发现手机收到了银行卡支付游戏APP软件的付款短信，我以为我的卡被盗刷了，仔细一看才发现，原来是乔治在平板电脑上偷偷下载了付费的游戏软件。因为平板电脑绑定了我的银行卡，我才知道乔治在偷偷玩游戏，最后我及时收回了乔治的游戏账号，乔治没法自己下载，只能玩已经下载好的游戏。此外，在乔治上网课的时候，尽量让他在客厅里完成。

小孩子天性爱玩，我们不要指望他们从小就能自觉拒绝诱惑、专心学习，学习习惯需要逐渐养成，而这个时期特别需要家人的陪伴，尤其是妈妈的陪伴。

马琪朵读一年级时，我最着急的时候就是在辅导马琪朵写作业的时候，真的是“不写作业，母慈子孝；一写作业，鸡飞狗跳”。

老师留的作业量真的不多，可能就是十几分钟的事，但是马琪朵能在那里写一两个小时，一会儿玩橡皮，一会儿吃东西，还没写一个字呢，一会儿又要上厕所。这个时候，父母的陪伴就尤其重要，在陪伴的过程中一点点帮助她养成良好的学习习惯。

还有一次，马琪朵的老师布置了查字典的作业，要求学生们标记出一课生字在字典中的页数以及拼音等信息，这对于马琪朵来说就是天大的难事，马琪朵回到家就抱怨：“哎呀，今天的作业好难啊！”她一闹脾气，影响其他作业都无法正常完成。

当妈妈崩溃的时候，只能换爸爸上，爸爸去跟马琪朵沟通：“发脾气解决不了问题，遇到问题首先要想办法去解决。每一个摆在我们面前的困难，就好比我们走在路上遇到的大石头，遇到大石头，我们可以选择搬走它，实在搬不动也可以选择先绕过去，比如先完成简单的作业，难的放到后面再完成。”

在和爸爸的沟通中，马琪朵逐渐冷静下来，情绪也很快恢复正常了。

接下来，我就陪着马琪朵一起完成作业，先和她复习巩固查字典的方法，然后和她一起比赛查字典，通过反复练习，帮助马琪朵攻克查字典的难题。

从马琪朵上二年级后，我发现她的学习方式在慢慢改变。放学回家后，她会主动规划写作业的时间，并且会把今天的作业梳理一遍，列在记事本上，然后自己安排先完成哪一个，后完成哪一个。在写作业的过程中，还会要求自己多长时间完成，字还要写得好看，等等。

现在，马琪朵的写作业模式已经顺利完成过渡，我不需要一直陪着她，等她全部写完后我检查一下、签个字就行了。

孩子刚入学时，自主学习习惯还没有养成，这时妈妈可以陪伴孩子学习，帮助孩子养成良好的学习习惯。一旦养成好习惯，孩子会逐渐自我管理，并且主动学习，那时父母就不用太操心了。

大错爸爸解决，小错妈妈解决
（解决孩子犯错、说谎的问题）

人非圣贤，孰能无过。一个人在成长的过程中，难免会犯各种错误。当你仔细观察，就会发现犯错可能是因为孩子缺乏相应的知识、意识和技能，这是与孩子年龄相符的行为，并非故意犯错。在大错小错中不断总结经验教训，孩子就这样逐渐长大了。作为家长，我们要允许孩子犯错，同时帮助孩子找到问题出现的原因和解决的办法。

犯错，先不要急着批评

有一次我们去肯德基吃饭，邻桌一个三岁左右的小男孩不小心把桌上的热牛奶碰倒了，里面的牛奶洒了一地。

这时孩子有点蒙，用无辜的眼神看着旁边的妈妈。这时，妈妈赶紧跟孩子说："没烫着吧？没关系的，每个人都会有不小心的时候，我们一起把地上的牛奶擦干净吧。"这时孩子才松了一口气。

其实孩子犯错，心里都会很害怕，很敏感，很脆弱。如果父母觉得孩子让自己感到难堪了，脾气一下子就急了，凶巴巴地把孩子批评一顿，你的批评吓得孩子不敢说话，瑟瑟发抖，不停点头，你觉得是自己的管教成功了吗？

当孩子犯错时，父母要正面引导，指出错误行为，同时也要保护孩子的自尊心，而不是将孩子的过错无限放大，常常念叨。那样，真的会将孩子越推越远，最后真变成那个你常数落他的样子。

英国教育家洛克说过一句话："父母越不宣扬子女的过错，则子女对自己的名誉就愈看重，他们觉得自己是有名誉的人，因而会更小心地维护别人对自己的好评；若是当众宣布他们的过失，使其无地自容，他们愈会觉得自己的名誉已经受到了打击，设法维护别人对自己好评的心思也就愈淡薄。"

孩子犯错后，也会感到手足无措。作为父母，我们不要急着去批评和说教，正面地"指出+纠正"，效果可能会更好。

在我们家，一般来说，对于孩子的小错误，妈妈会出面解决，如果错误比较严重，就会让爸爸出面解决。

马琪朵把我和兔爸的定情信物送人了

有一次，马琪朵和同学交换玩具。她的同学给了马琪朵她妈妈的水晶发卡，马琪朵就把爸爸送我的一个蒙奇奇的定情信物拿走，送给了那个同学。

交换玩具的事情，她们并没有和自己的父母沟通，而且拿的都是父母的东西。兔爸知道后，和马琪朵讲了蒙奇奇的重要性，希望马琪朵把蒙奇奇要回来。趁此机会，爸爸告诉马琪朵：“自己的东西，自己可以做主交换，但不属于自己的东西，一定要和家里人沟通。”

遇到这种原则上的问题，如私自把不属于自己的东西送人或者按自己的方式处理不属于自己的物品时，我们家都是爸爸出面指出。爸爸一出面，孩子们就会知道这件事很重要了。

我们在指出孩子的问题时，也要注意场合，避免在人多的时候对孩子进行批评指责。

我看到过这样一个故事：有个孩子记性很好，读故事多读几遍，几乎都能背出来。孩子也因此扬扬自得。有一次，孩子在一次家庭聚会上表演了自己的背诵本领，但是有几段内容说错了，孩子妈妈看不下去，当场就说：“你后面那几段背错了。”孩子一听，脸上立马没了笑容。从那以后，孩子很少在公众场合展示自己的背诵本领。

究其原因，我们想想自己的感受就知道了。作为大人，我们在公众场合也希望别人能顾及自己的感受，不想被大声指责，即便有争议也希望私下解决沟通。可是到孩子这里，我们大人就忘了。

虽然我们觉得这是小事，孩子犯错了说几句还不行啊？其实看似小事，却涉及孩子的尊严。每个人都希望能光鲜亮丽地站在人前，得到众人的称赞、羡慕和表扬。当你在很多人面前指责孩子的时候，你可曾站在孩子的角度想，他们的心里当时已经刮起了什么样的黑色风暴？

说谎，其实并不可怕

小孩子说谎，让很多家长感到头疼和焦虑："小小年纪就说谎，长大了还了得？"其实，孩子说谎通常是儿童成长过程中的一种正常现象，不一定是道德品质问题。父母要了解孩子说谎背后的原因，有的是模仿动画片，有的是想象，有的纯粹是觉得好玩……

我们要从小给孩子传递正确的观念：即使犯了错，我们也要做诚实的人，不能撒谎。马琪朵小时候，我们会通过绘本故事，告诉她遇事不能撒谎，要做诚实的孩子。可能那时候，马琪朵还不太能听懂，但是小孩子的潜意识里会有认知。马琪朵会认为撒谎是坏的，就像孩子都认为大灰狼很坏一样。

孩子在慢慢长大后，要面对更多自己无法掌控的事情，这时是孩子最容易撒谎的时候。上学后，孩子最常见的撒谎可能就在每次考试结束后，一旦家长询问孩子的成绩，孩子支支吾吾不愿意回答，这时候就需要家长关注孩子的行为了。如果这时候父母没有给孩子正确的引导，孩子就有可能用说谎来“躲过一劫”。

孩子能够诚实地告诉你他的不光彩，是对父母的信任。父母可以通过耐心聆听和询问，让孩子把本不愿公开的事情勇敢地讲出来，而不是藏起来。

每当孩子遇到不愿意表达或者不光彩的事情时，他们都会选择性地逃避问题。这时，爸爸就会在孩子不太想回答时积极和他们沟通，基本上爸爸多问一句，引导一下，孩子就会告诉我们实话。

伟大的教育家苏霍姆林斯基说过：“儿童的尊严是人类心灵里最敏感的角落，保护儿童的自尊心就是保护儿童的潜在力量。”

孩子再小，也是一个独立的生命个体，每个独立的生命个体都有自己的尊严。父母爱孩子，就应该维护孩子的自尊心。

关于批评孩子的时机，明代学者吕坤的《呻吟语》中就列举了“七不责”原则，第一条就是“对众不责”，即不要在众人面前责备孩子，这是对孩子尊严的维护。此外，还有“愧悔不责”“暮夜不责”“饮食不责”“欢庆不责”“悲忧不责”“疾病不责”。总之，如果孩子已经知错或状态不佳，就不要雪上加霜了，因为这时他们更需要父母的关爱。

如果孩子犯了错，你可以温和提醒，然后回家再教育。在家里，或者在无人的地方，可以跟孩子好好谈谈他的行为，引导孩子反省。这样做，对孩子的成长更有利。

马丁说

没有人喜欢和谎话连篇的人打交道。但孩子说谎并不意味着他们走上了歪路，可能意味着他们的心理技能正在发展。据专家统计，儿童说谎67%是由于畏惧和怕被嘲笑，10%与儿童的想象、夸张有关，只有约20%的孩子是故意说谎。那么，家长应该怎么办呢？

1.避免设置让孩子说谎的局面。如果你已经知道是孩子吃了最后一块饼干，就不要故意质问他：“是不是你吃了最后一块饼干？”你可以这么说：“我知道你把最后一块饼干吃了，所以现在才不想吃饭。这样做的代价是，你明天没有饼干吃了。”

2.让孩子提前承诺不说谎。有研究表明，16%的3—7岁的孩子在答应说实话后，说谎的可能性大大降低。

3.说谎和犯错分开处理。不要因为撒谎而惩罚孩子，对孩子撒谎最好的处理方式是保持冷静，利用这个机会告诉孩子诚实的重要性。

妈妈理解共情，爸爸分解任务

（解决孩子畏难的问题）

朋友的孩子刚满4周岁，在家里玩积木的时候玩得非常开心，但是当摆到高层时，几块“城堡”不好拼，拼了好久都没有成功。于是孩子就开始不耐烦，对妈妈说：“我不玩这个了！”并且还会把这个拼不好的责任推到妈妈身上。

美国著名儿童心理学家塞尔玛·弗雷伯格曾说：“没有任何养育方法可以让孩子完全体验不到焦虑。人类发展的每个阶段，都会面临各式各样的伤害和危险。许多恐惧都无法避免，而且，也无须避免。”

遇到困难第一反应是往后躲，这是人类的本能。孩子也是一样。如果孩子遇到困难或者受到过多刺激，只要触及了超限点，就会引发超限反应，轻则表现出不耐烦，重则产生逆反心理。

这时候就需要我们父母来帮助他们指出问题的症结，找到解决方法。

那么，这个不耐烦的孩子到底在烦什么？对于孩子来说，他们做事的时候是想要取得成功的。但是当面对一次失败后，他们可能就会产生畏难情绪，不想再尝试了。

把选择权交还给孩子

我们家兔兔遇到事情不耐烦，一般就是这件事情她不喜欢或者不愿意去做。比如，马琪朵一直在学钢琴，每次让她去练琴，如果我说："兔兔，该练琴了。"她一般的反应就是："我不弹，我不弹……"

于是，我在碰了几次灰后，现在想让马琪朵练琴，我都会问："兔兔，你能帮我伴个奏吗？"热心肠的兔姐就会兴高采烈地帮忙伴奏好多遍。

当孩子渐渐长大，他们不喜欢事事听从父母的"指挥"。当父母说"我说了算""你照做"时，我们发现效果其实并不好，因为很多事情都是孩子自己不想做，被迫去做的。孩子们内心是非常希望自己能做决定的，他们希望在"自己的事情自己做"的同时实现"自己的事情自己说了算"。

因此，当孩子遇事没有耐心、不耐烦的时候，我们可以把选择权交还给孩子，让孩子去做决定。我们可以换一种沟通方式，把"我说了算"改为"这个事情你要不要做"，把"你该

××”改为“你可以××吗”，通过这样的询问方式征求孩子的意见，让孩子自己决定，相信会有事半功倍的效果。

一旦孩子主动选择了某件事情，做起事来不耐烦的情绪就会少一些，积极性也会高一些。

妈妈理解孩子的情绪

马琪朵一直参加学校的金帆舞蹈团，每个年级都会有严格的考核。有一次刚开学，她回家问我：“妈妈，你说我要不要退出舞蹈团？”她不断回想自己做得不好的地方，否定自己，产生了畏难情绪。

当孩子遇到问题感到害怕的时候，我们不要急于用自己的认知去评判孩子，而要科学引导。美国儿科专家威廉·科尔曼指出：“家长应该帮助孩子，直面让他害怕的事物，并且客观地进行处理。如果恐惧的情绪不被理解，只会让孩子的消极感更强。”

所以，我选择先和孩子共情，看见孩子的“害怕”，理解孩子的情绪和感受。我和她说：“妈妈知道舞蹈团要求很高，很难，你有点害怕是不是？”

后来，我给她分析说：“还记得上一次参加考核吗？你付出了很多额外的时间，付出了很多努力，就算在看电视的休息时间也在坚持压腿，做软开度训练。只有努力付出，才会换取收获。这次，你还没有为它努力过就放弃，会不会有点可惜？”

父母要有耐心，陪孩子慢慢适应，帮助孩子度过焦虑和恐惧期。

爸爸分解任务

待孩子情绪平稳下来，可以由爸爸带孩子拆解任务，通过理性思考，分析这件事情的流程步骤，第一步怎么做，然后第二步、第三步……帮孩子分解任务。当然也可以与孩子一起合作完成。

爸爸还可以用行动告诉孩子：大人也会遇到困难，遇到做不好的事情，孩子做不好是很正常的，没有关系。让孩子的自尊心得到保护，找到自信的力量，也是给了他一份勇敢的底气。

其实当孩子遇到困难退缩、不耐烦的时候，正是我们发挥作用的恰当时机，借此引导孩子遇到问题先分解，分步骤完成可能更加容易成功。

马丁说

耐心要用耐心浇灌，爸爸必须帮孩子解决困难。

马琪朵不爱写作文，特别是写童话故事。我就专门拿出两个小时和她一起迎战这个困难。

第一步，拆解。我问她：“你想写一个关于什么的童话？有哪些关键词？”她列出来：“月亮，玫瑰花，王子和公主，还有老妖婆。”

第二步，让她说出围绕以上关键词能想到的画面。

第三步，帮她把画面用故事串联起来。

于是她就创作了《月亮上白色的带刺玫瑰》这篇作文，成了她得分很高的一篇优秀作文。这个过程不是我替她做，而是我和她一起做，教会孩子创作的思路和方法。之后的作文，她自己会越写越好。

和孩子开诚布公地聊聊性
（给孩子不畏不惧的性教育）

当孩子问你“妈妈我是从哪里来的？”，你会回答“垃圾桶捡来的”还是“网购邮过来的”？当你发现月经突然撞进孩子的身体时，当你第一次把孩子的小背心换成正式的文胸时，你会开诚布公地和孩子聊一聊性吗？

为什么妈妈不能一个人生下我？

有一段时间，在马琪朵的认知里，一直认为“妈妈是我一个人的，爸爸不能抢，弟弟也不能抢。爸爸和弟弟都是我的敌人”。有一次我接马琪朵放学，在回家路上，马琪朵就问我：“妈妈，你为什么不一个人生下我？”我就给马琪朵讲：“妈妈一个人没法生宝宝，生宝宝需要爸爸妈妈相爱，一起去完成。”马琪朵也不知道从哪里看来的科普知识，说：“妈妈，你骗人！有很多动物都是自己生宝宝的。”事后我才知道她说的是雌雄同体……

我记得我小时候，我妈都没有给我讲过这些知识，都是派我姥姥来给我普及有关的性知识。

因此，有了马琪朵后，我给她买了不少相关图书，比如《我们的身体》《乳房的故事》等，通过绘本故事，让孩子了解自己的身体。

随着年龄的增长，孩子的身体会发生一些明显的变化。相比男生，女孩更早就开始发育，同时女孩的观察力也强，对我们的身体变化也很敏感。一旦出现了自己不知道的变化，可能会影响孩子的心理健康。我们要在孩子身体发育前，向其普及基本的性知识。

另一方面，女孩子如果对性了解过少，也会缺乏自我保护的能力和意识，因此我们不要回避性教育。

于是，在马琪朵问了我“为什么妈妈不能一个人生下我”这个问题后，我就给马琪朵科普了一下人类繁衍之精子和卵子的秘密。

男朋友 vs 男生朋友

有一天，马琪朵放学回到家突然告诉我：“妈妈，我今天交了好多男朋友。”我当时一惊，然后问她怎么会交好多男朋友，马琪朵说“是好多的男生朋友”，我瞬间舒了一口气。

我告诉她说："那不是男朋友，而是叫男生朋友。男朋友是和你结婚前的那个人的称呼。"

小时候，马琪朵就会问："妈妈，你和爸爸是怎么认识的？""你们为什么会结婚？"……在书上看到过这样一句话："你儿子开始性发育，将有许多的疑问，对于这些疑问，你是最好的回答者，否则他将会到街边的哥们儿那里寻找答案；甚至更坏的情况，他将从世俗的娱乐工业中寻找答案。"

确实是，出于好奇，孩子会询问我们有关性的问题。做父母的要给予及时解答，而且要解答得恰到好处，就是根据孩子的年龄与好奇程度而决定自己回答的详细程度，并且在解释时用陈述科学事实的态度来回答。

在一个家庭里面，性教育知识的传递，更多的是妈妈给女儿讲，爸爸给儿子讲。不惧不畏的性教育，才能让孩子成长之路更加顺畅。

和女儿聊聊"爱情"

在马琪朵小的时候，我和兔爸就给她买了好多的毛绒玩具，那时候我们经常会玩"玩偶之家"的游戏。爸爸会用小玩偶当模特，告诉马琪朵哪些地方是我们的"秘密基地"，是不能让陌生人碰的。借助小玩偶，告诉马琪朵简单的女生自我防护知识。

后来，马琪朵渐渐长大了，我也想和女儿聊聊“恋爱”这个话题。

其实好多人都觉得女生是“恋爱脑”，确实是，我就经历过“恋爱脑”，不过最后以失败而告终。初恋时，经验都来自偶像剧。记得原来还根据偶像剧总结过恋爱攻略，可真正实操的时候，就会发现那根本不是自己，只是一个“听话的乖乖女”。这个词在恋爱里不是什么好词，过多的付出和太失去自我换来的陪伴和爱，本身就是一种不平等的关系。

恋爱需要相互吸引、彼此需要，你珍惜对方，但也要珍惜自己，不能把自己的位置放得太低太卑微。找一个爱你更胜过你爱他的人，对女生来说没那么辛苦。

恋爱，失恋，再恋爱，是我们人生中再正常不过的事情，不必觉得失恋就像天塌了一样，日子还是要好好过。不要让你的世界里只有男朋友，你要有自己的朋友、自己的圈子，也要学会享受独处，看看电影、看看书……

亲爱的女儿，请你一定要相信，你和什么样的人在一起，就会有什么样的人生。

如果你有女儿，请一定要告诉她下面几件事。

1.学会拒绝，坚守底线。无论是谁，无论你多么在乎对方，面对不合理的请求时，都要坚守自己的立场。要知道一味地迎合他人，换不来真正的友情或爱情；适当拒绝，才能赢得尊重。不要被任何人情感绑架，不要为任何人放弃底线。

2.要先自爱，再去爱别人。没有人能让所有人喜欢，也不必让所有人都喜欢。保持自信，珍惜自己的与众不同。先好好爱自己，相信自己足够好，才能更好地去爱别人。

3.坚持读书，丰富自身。读书就像吃饭一样，我们不能一次就看出来作用，吃一顿饭没有什么用，但是我们身体的健康、强壮得益于我们日常的一日三餐。读书也是一样，读一页书、一本书，不会立马有变化，但是只要我们一本一本地读下去，会慢慢建构起自己丰富的精神世界，我们的品性、气质和涵养都会被滋养。

4.和异性相处要有“界限”。不要让任何人以喜欢为借口，对你为所欲为。喜欢的前提是尊重，和异性相处要注意界限，这个界限是一种礼仪，也是一种分寸，更是保护我们的安全线。

和儿子谈谈“性”

有一次我带着兔姐和乔治去图书馆买书，偶然听到了一对父母的对话，大致是这样的：妈妈要给自己的儿子（看起来4岁左右）选择“请不要随便亲我”系列丛书。结果爸爸不赞同地说了句：“我们家的是男孩，又不会吃亏，怕什么？不用选这些书，这些都是给小女孩看的……”

其实，在平时的交流中，我们也能发现好多家长都直言自己家的是男孩，要是女孩将来走向社会处处要小心，男孩子自己就省心多了……早在2005年广东一次调查报告中就发现，青少年中男生的性危害防范意识较缺乏。“男孩遭受性侵害的比例不断上升”，最主要的原因就在于我们很多家长对男孩子的性教育比较缺失。

在我看来，养育男孩和女孩一样，提前做好孩子的性教育都有必要。

我们不妨开诚布公地和儿子聊聊“性”。及早帮助孩子建立性别意识和性别认同感，了解男、女身体构造，青春期身体和心理的变化，了解生命诞生等知识，强调性禁忌等。当然具体内容要根据孩子的年龄特点而定。例如3—6岁要有问必答，但是点到为止，简单易懂；6岁以上则应该把他们当成朋友一样，不惊不慌地引导启发。

如果你有儿子，请一定要告诉他下面这几件事。

1.不要的意思，就是不要。我们当下都尊重男生在感情里应该勇敢一点儿，主动出击，但是，请不要忘了，当女生说“不要”时，意思就是不要。尊重女生的意愿，拥有被拒绝的勇气也很酷！

2.不许掀女生裙子。男孩子不论年龄大小，都要及时帮他们建立性别和边界意识。不仅仅是“不许掀妈妈的裙子”，而是要尊重所有女生。女生穿什么衣服、化什么妆，不是她们被欺负的理由。

3. 自己的裤子不能随便脱。男孩子也要学会保护自己，自己的身体部位不能随便给别人看。

4. 勇敢寻求帮助。当自己遇到危险时，要勇敢地站出来，不要觉得羞耻而隐忍，要勇敢地寻求父母或其他大人的帮助，必要的时候学会用法律武器保护自己。

马丁说

性教育一直以来是中国家长觉得难以启齿的话题，但实际上，社会中性侵犯罪的案件时有发生，甚至发生在小学、幼儿园里。

前段时间我问了一下周围的朋友，居然超过四分之三的人都曾被不同程度地性骚扰过，这其中大多数是熟人作案，包括同事、同学、生意伙伴，甚至是老师……而且男女都遭受过。

在我看来，伸向孩子的罪恶之手和老师对学生的侵犯是最不能被原谅的！

不知你遭遇过老师的咸猪手吗？

分享一组非政府组织 Darkness to light 关于性侵的调查

数据：

1. 十分之一的孩子在18岁前遭遇过性侵；

2. 90% 是熟人作案；

3. 七分之一的性侵发生在学校；

4. 在所有受过性侵的儿童中，20% 发生在8岁之前；

5. 性侵提高了辍学率；

6. 只有4%—8%的性侵（报案）是捏造的；

7. 对幼童使用酒精和毒品是性侵的先兆。

而非常可惜的是，安全意识极强的中国家长在性侵领域是疏于防范的，一项对我国31个省份9151位家长的调查显示，68.63% 的家长没有对孩子进行过防性侵教育。

父母本身对性教育的看法会影响孩子。性教育是一种特殊的教育，所以父母不要觉得很难堪，不跟孩子讲，而是要放宽心，正确地面对它。对孩子进行性教育，是为了让他们保护自己，不受到伤害。

第五章　各显所能，定制专属时光

买了房，不算有家；结了婚，也未必能长大；只有当你上有老、下有小的时候，才真正懂得什么叫作牵挂。——马丁

爸爸：带孩子一起做“演讲”

马琪朵要换一个爸爸

“哇，讨厌爸爸。”马琪朵大叫了一声，跑去找奶奶了，她红着眼眶说，“奶奶，我不要这个爸爸了，你给我重新生一个爸爸。”

然后，马琪朵就开始声泪俱下地控诉爸爸，并且还罗列了爸爸的“罪状”，主要有以下几条：

1. 爸爸太胖，要减肥；

2. 爸爸要戒烟，少喝啤酒；

3. 要公平对待她和弟弟；

4. 要像国王一样，稳重不发脾气；

5. 爸爸不能给弟弟下载游戏，要得到妈妈同意才行（重点是这条，我说不能随便给弟弟下载游戏，弟弟求了姐姐两天，姐姐都没给下载。结果，不明真相的爸爸在弟弟的“糖衣炮弹”下私自给弟弟下载了一个游戏，从而引发的“战争”）。

综上所述，马琪朵得出了一个结论：要换一个爸爸。

等马琪朵义正词严地发泄完了，气也顺了。最后兔姐又说了一句："我要写作业了，今天写的作业不能再让老师打回来了。"

我们都强忍着笑，奶奶一边附和一边做会议记录："好的，公主，国王的问题我稍晚再处理。生是生不出来了，让他改改，凑合着当爸爸行吗？"

马琪朵说："哼，我考虑考虑。"

记得马琪朵刚出生时，有一次我刚录完湖北卫视的节目《包公来了》，虽然半小时后还要连夜出发去天津，但内心特别急切地想回到家，想抱抱宝宝。那时，我突然发现，每个在外奔波的人，脚步不肯停歇的原因都是心中有亲人。

养育孩子的最终目的是分离，我们现在能够陪伴孩子的时间也就几年，等后面孩子独立了，就不那么需要我们了。陪伴孩子，就是上天的恩赐。

孩子从出生起，心里就是更倾向妈妈的，这无可厚非。但我们家的两个娃之前是爱妈妈且恨爸爸的，他们认为爸爸是他们的敌人，会跟他们俩抢妈妈。

有时候我就想不通，问："马琪朵，你为什么不能爱妈妈，也爱一点儿爸爸？"

马琪朵非常坚决地说："不行！"

这件事让我非常伤心，我认真反思了下，觉得有两个方面原因：

第一，孩子是从妈妈肚子里生出来的，这种母体的爱让孩子天生会更加无私地爱妈妈。要说世界上最无私、最伟大的爱是什么，我认为不是母爱，而是孩子对妈妈的爱。

第二，我确实之前陪伴孩子的时间少，导致孩子对自己不亲近，情感上有些疏离。孩子心里很清楚谁陪伴自己更多，谁对自己更重要。

为此，我决心改变现状。

演讲，让孩子和我"熟"起来

马琪朵学校要进行创意表达比赛，求助妈妈，妈妈说："这个妈妈不擅长，你去找爸爸吧。"

我接到这个任务后非常激动，心想"爸爸终于有用武之地了"。于是，我就给马琪朵写了一篇演讲稿《中国药神——屠呦呦》，并且带着她排练了好几遍。

演讲结束后，马琪朵放学回家，对我说："爸爸，你真厉害！"经过这次演讲，马琪朵特别有荣誉感，回到家还抱着我亲了两口。要知道以前我亲马琪朵，都会被她嫌弃；走在路上，拉拉马琪朵的手都会得到她一个大大的白眼。

但是，我凭借着自己的演讲技能和水平成功地赢得了马琪朵的"芳心"，这种成就感还挺美的。同时，通过演讲，也让马琪朵有了荣誉感。

后来这篇《中国药神——屠呦呦》演讲稿又被推荐到了学校广播站进行广播。

自此之后，马琪朵就上瘾了，或者说老师觉得她演讲好（重点是稿子写得好），后来我又帮助马琪朵完成了《红星依然闪耀》，二年级的马琪朵代表学校参加了教育部的演讲比赛，并且获奖了。

班主任告诉我，其他学校都是派五六年级的学生参赛，极少有派二年级学生参加的，就因为马琪朵讲得好，所以才能代表学校参赛。这件事给了马琪朵极大的鼓励，帮助她建立了自信心，也确实提高了马琪朵的表达能力。

当然，通过演讲，最重要的是让她充分认识到了爸爸的重要性。

再后来，马琪朵一接到这种任务，就特别需要爸爸，我在她心中的分量直线上升。

附：马琪朵的演讲稿

中国药神——屠呦呦

今天，我想给大家讲一个药神的故事，她的名字叫屠呦呦。屠呦呦奶奶因为研发出了抗疟疾的药物青蒿素，于2015年获得了诺贝尔医学奖。她是第一位获得诺贝尔科学奖项的中国本土科学家，这也是中医药获得的最高奖项。

那么，青蒿素是什么呢？对于我们小学生来说，这个词汇有点难度。有一种病，叫作疟疾，这种病每年在全世界，尤其是发展中国家，会夺走成千上万的生命，而屠呦呦奶奶研发出的青蒿素，正是治疗这种病的特效药。可以说，屠呦呦奶奶是救助了很多人的药神。

任何一项伟大的工作，都不是容易的事情。在经过190次失败之后，屠呦呦奶奶和她的同事才成功地发现了青蒿素，而又经过整整20年，她们才制作出了青蒿素的升级版，攻克了疟疾这种病。

“呦呦鹿鸣，食野之苹”，我想通过屠呦呦奶奶的故事，激励自己，不怕困难，坚持做对的事情、造福大家的事情，哪怕再难，也相信会成功。

2015年有一颗小行星被命名为屠呦呦(Tuyouyou)星。屠呦呦奶奶就是我们当代的药神，我们要向她学习，找到属于自己的那一颗闪亮的星星。

加油！

通过演讲这件事，我发挥了专业特长，在孩子的成长过程中留下了弥足珍贵的痕迹。中国人本身是不爱说话、不善于表达的，“话在心头口难开”是我们中国人的普遍现象。好多人到了大学，甚至参加工作了，还是不擅长表达。我们“火星演讲会”里很多学员是公司高管，他们仍然在不断完善自己，学

带着马琪朵爱上演讲

习如何演讲。

写到这里有可能你们会说，因为你是专业做演讲的，你是主持人，所以能帮助孩子进行演讲。其实，每个家长都能给孩子独特的帮助，家长要主动去寻找自己擅长的方面，陪伴孩子，在孩子的成长过程中留下痕迹。

作为妈妈，不要逞能做超人，可以适当地把孩子推给爸爸，或者帮爸爸创造一个机会，让爸爸有单独陪伴孩子、帮助孩子的专属时光。

另外，在帮助马琪朵爱上演讲之后，我也受到启发，成立了《少年演说家》训练营，如今已经有几百名不同年龄的孩子，经过了良好的训练，能够落落大方地登台说出自己的心里话，看着台上的他们和台下的爸爸妈妈眼中的自信与感动，我觉得，这就真的叫“予人玫瑰，手有余香”吧。

兔兔画爸爸

妈妈：做好家里的端水大师

当妈妈之前，总感觉不到妈妈的辛苦，偶尔还会和自己的妈妈因为琐事争吵。直到自己当妈妈后，才知道妈妈的不易，各种角色来回切换。自从有了二宝，更是感觉家里这碗水永远也端不平，前一秒亲亲抱抱，后一秒鸡飞狗跳。

弟弟出生后，帮助姐姐度过适应期

回想了一下，小时候我妈一提给我生个弟弟妹妹的话题，我都是拒绝的，就觉得要是有了二宝，妈妈就不爱我了。其实很多孩子都一样，希望独自享受爸妈的爱。

记得乔治刚出生时，作为姐姐的马琪朵心情是很复杂的，既喜欢弟弟又常常吃醋，每天就在嫉妒弟弟和喜欢弟弟的举动中徘徊。

看到妈妈抱弟弟，她也要抱抱，嘴里嘟囔着“这是我妈妈，我妈妈”。弟弟喝奶，她也要喝，结果母乳喝了三回就不喝了，觉得很腥。弟弟毯子上的所有东西，比如奶嘴什么的，她都要先用一遍，连新生儿纸尿裤也不放过，就算屁股穿不上，戴头上也高兴。

弟弟到来的第一天，马琪朵对家里所有人郑重其事地宣布："这是我的弟弟，没有我的允许，你们不可以抱。"弟弟每次换纸尿裤时，她总是跑着跳着帮忙把纸尿裤扔进垃圾桶。她会给弟弟洗衣服、叠衣服，而且告诉我们："弟弟的衣服，

帮兔姐度过适应期

你们都不许动，我来收拾。”

这个时候，因为二宝比较小，二胎家庭中的父母千万不要将注意力全部放到二宝身上，要特别照顾大宝的情绪，给予大宝足够的关注度，做好平衡。

所以，我总是会抱着马琪朵说“妈妈最爱你”，让她知道妈妈对她的爱并没有减少，帮助内心矛盾的马琪朵度过这个复杂的时期。

“女生专属时光”，缓解姐姐吃飞醋

有一次乔治生病了，全家人都对他格外照顾。姐姐对他也特别好，还把自己最喜欢的贴纸和软糖都给了乔治，但还是会不定期地“吃飞醋”。

“妈妈你就喜欢乔治，你就偏心乔治！”这一句话马琪朵含泪循环播放了半小时。半小时后，她又跟弟弟玩得特别欢，还给我倒水，问我吃不吃饺子。我劲儿还没过去呢，她就像没事人一样。我只能耐着性子去鼓励她、夸奖她：“兔兔，你真有姐姐样，帮妈妈照顾弟弟，还关心妈妈，妈妈真是特别特别爱你！”

她一下冲过来抱住我，说：“妈妈，以后我不这样了，我就是特别爱你，才生气，怕你只爱弟弟不爱我。”

其实，二胎家庭很容易打翻家里的醋坛子的，这时候妈妈就需要扮演好端水大师的角色。

有一个周末，我带乔治去上课，下课后顺便带他剪了个头发。到家后，兔姐知道了就不依不饶，觉得我陪她的时间太少，陪弟弟的时间多，哭得那叫一个伤心。姐姐不吃醋时，家里和睦、风平浪静；姐姐吃起醋来，家里就像地震了一样。奶奶担心血压升高，都懒得看，直接关门看电视或者下楼去遛弯。

于是，在马琪朵的强烈要求下，我答应再找个周末给她补上，妈妈单独陪伴她一天，弟弟交给爸爸。于是，我和马琪朵就有了一个“女生专属时光”。我们两个一起去吃了顿“大餐”，看了一场电影，马琪朵非常开心。

后来，我和马琪朵会专门找个时间一起去干些事情，比如一起逛文具店，一起去看场电影，甚至是一起去楼下扔个垃圾、取个快递，等等。这些都会让她觉得这个时刻，妈妈是属于她自己的，马琪朵会非常高兴，于是这就成了我们两个女生的专属时光。

带乔治买卡牌，为每个孩子定制“专属时光”

乔治最喜欢收集动漫卡牌。

对于他来说，最幸福的时刻就是拆卡牌那一瞬间。为了让乔治学会珍惜，我给买卡牌这件事设置了一道门槛。因为之前已经买了很多卡牌了，我就跟乔治约定，如果再想买，需要自己攒钱，攒够了钱，我可以带他去，一个月去一次。

他翻了翻自己的零钱包，发现钱包里只有一百块，就开始铆足精神自己攒钱。接下来的几天，乔治成了大忙人：一会儿教奶奶学钢琴，一会儿帮我们跑腿递东西……

好不容易攒够了钱，我就带乔治去买卡牌。

其实从我们家开车去商场买卡牌，路程只要10分钟，他再逛10分钟，拆开那一瞬间，这个令人激动的买卡牌活动就结束了。

为了让买卡牌仪式感十足，我跟他说："我们今天不开车，走路去还能锻炼身体。"

我们俩武装好就出发了，一边走一边聊天，走了15分钟后，乔治问我："妈妈，怎么还没有到？""有没有更快一点儿的方法？"

其实再走15分钟也就到了，这时刚好经过一个公交车站，我说那就坐公交车吧。不过没有直达的公交车，我们到了公交总站又倒了一趟车，下车又走了10分钟，才到商场。

前前后后历时一个多小时，才到了买卡牌的正式流程。

晚上回家，乔治一直跟奶奶和爸爸念叨："我今天跟妈妈出去，可好玩了。我们运动了，还坐了公交车，坐了两趟，一趟坐在公交车的前排，一趟坐在后排。公交车上还有雪容融的视频。我买了卡牌，钱没有花完，剩下的下次再买。妈妈带我喝了奶茶，吃了麦当劳，我还拆出了速度巨快的风马奥特曼！今天，我真是太开心了！”

我发现，太容易得到，不见得珍惜，不见得记忆深刻。“努力”后再“得到”，满足感的战线拉得越长，好像越快乐。

马丁说

如何让两宝和谐相处？

二孩养育中，父母要把握好几个原则：不偏心，不比较，不干涉。首先，父母要避免偏心；其次，避免竞争和比较；最后，两个孩子发生争执时，家长应避免过多干涉。在操作方法上，有以下建议：

1. 大宝带二宝，培养孩子的责任感。

给大宝安排工作，使其参与到照顾二宝的工作中来。小时候比如帮弟弟扔尿不湿、给弟弟冲奶，再大一点儿帮助弟弟洗澡、给弟弟讲故事，等等。参与感会让大宝觉得这是一个需要照顾的对象，而不是争夺父母的竞争对手。

2. 专属时光，特别的爱给特别的你。

孩子都希望爸爸妈妈更加关注自己，所以可以给孩子分别约定每周或者每个月一个固定的母女日或者父子日。有这样特别的一天，单独陪伴他，去做他喜欢的事，会增加孩子的安全感和幸福感。当他确认爸爸妈妈非常爱他，他也会更好地爱小宝宝。

3. 不管是生日还是节日，准备的礼物一定是双份的。

比如姐姐过生日，我们一定也会给弟弟准备一份礼物，弟弟过生日，姐姐也会拥有礼物。一个孩子有，另一个孩子没有，没有的那个孩子心理感受会非常差。

4. 优先照顾老大的情绪。

老大的情绪是一切矛盾的根源，二宝比较小不太能感受到威胁，稳住老大就能稳住局面。

二孩养育，更需要智慧

奶奶：家有一老，如有一宝

马琪朵想买一个上下床，自己在网上搜。

我告诉她："你只能用自己的钱买，你可以跟乔治商量，一人出一半。"

乔治在旁边听见了说："姐姐，我帮你！"然后问我："妈妈，我的压岁钱你放哪里了？"姐姐看了一眼弟弟，眼神里透露出我们不能就这样花掉压岁钱的神情，眼睛滴溜溜一转，说："我有赚钱的办法了——奶奶说她想学钢琴！"于是，马琪朵转身就去找奶奶商量学习钢琴的计划了。

马琪朵的"第一桶金"

马琪朵跟奶奶说："奶奶，学钢琴一节课是45分钟，200元；你还可以选择60分钟的，205元，多五元钱多学十五分钟。"奶奶最终选了60分钟的教学套餐。于是，马琪朵学钢琴学了一段时间之后，就开始给奶奶上课。她非常认真地开始了钢琴教学，上完课后还给了奶奶一个A++。就这样，马琪朵赚到了第一笔买床基金205元。

奶奶供爸爸念书，爸爸供马琪朵学琴，结果马琪朵再管奶奶要学费……用现在的话说："奶奶真的是太难了！"

为了买上下床，马琪朵除了赚奶奶的钱外，还在家里开过按摩店、洗过碗、卖过画……

有一天，她突然问奶奶："奶奶，你买画吗？我专门给你定制一幅《夕阳红》，可以放在你屋的那种，还带画框，怎么样？"

结果，还真的卖出去了。就这样，马琪朵在赚到钱后，潇洒地带弟弟去消费："乔治，走，姐请客！"她给弟弟买了卡牌，吃了冰棍还有零食……

隔辈亲，一点儿都不差

马琪朵在一次演讲中，曾经分享过这样一个故事：

我4岁时，全家人去三亚玩。奶奶带我去游泳池，可是突然间她发现我不见了，十分着急，她看到我好像朝着三层楼高的那个水滑梯去了，急忙往上走。奶奶70多岁了，爬楼梯很费劲，可是她依然坚持着往上走，而且很焦急地四处问："看到马琪朵了吗？看到我的孙女了吗？"一位叔叔说，我看到那个小朋友自己爬上来已经滑下去了，奶奶赶紧从滑梯上下来，才发现了平安的我。

回想起这件事，我觉得奶奶真的不容易，每个家里的爷爷奶奶、姥姥姥爷都特别爱我们，特别担心我们出事，我们慢慢长大了，也要让他们知道我们会小心地照顾自己，不让他们担心。

是啊，爷爷奶奶、姥姥姥爷都是最爱孩子的人，他们对孙辈的爱远超对自己孩子的爱，这就是我们常常提到的隔辈亲。爷爷爱儿子，但是更爱孙子。不可否认，老人对于孙辈的爱与包容已经到了让父母嫉妒的地步。

有一次，调皮的弟弟把奶奶的血压计摔坏了，奶奶这个血压计是八百元买的。于是乔治说要给奶奶赔钱，但是他只有一百元，奶奶说："你只有一百，还差七百，怎么办？"

乔治说："那我给你上课还钱吧，上四节钢琴课，就算还清。"奶奶就这样被乔治"忽悠"了。

其实，奶奶愿意被"忽悠"是出于对孩子的爱。试想，要是兔爸打坏了奶奶的血压计，可能奶奶还会唠叨兔爸几句，甚至有的家里还会骂上一顿。但是，孙子就不一样了。

有人说："父母对儿女的爱是苛刻的，对孙辈的爱是宠溺的。"

但其实，父母对自己儿女的爱，都藏在对孙辈的“隔辈亲”里。

你家里那个“隔辈亲”的老人，他在用另一种方式爱着你……

马丁说

家里的长辈照看孩子，我们要遵守的相处原则是“可依靠，不依赖”。

长辈有相对宽裕的时间、精力，以及对孙辈无尽的爱。我们可以依靠他们做一些他们力所能及的事情，比如照顾月子，2 岁前搭把手帮忙育儿（我们家的奶奶和姥姥就是这样做的），孩子幼儿园和小学的接送等。如果老人有特长，能帮助培养兴趣爱好和辅导作业就完美了。

但重要的是不依赖，一字之差，效果完全不同。依赖就是指把孩子完全丢给老人，这样做造成的不利影响不再赘述。隔辈亲的心理原因是亲情感应、情感空白和补偿心理。一旦形成依赖，多数情况下对孩子的教育而言弊大于利。

育儿合伙人，老人只是帮手，不是主人。

姐弟：相爱相杀的每一天

虽然马琪朵经常看不惯乔治弟弟，觉得他很多余，但是妈妈没在家的时候，姐姐就特别管用，会给弟弟拿衣服洗澡，会帮弟弟准备第二天的衣服，还会给弟弟准备晚饭。用乔治的话说："跟着姐姐饿不着。"

长姐如母

有一次，弟弟晚饭时不吃饭，姐姐说："不吃就饿着，明天才有饭吃。"结果到了睡觉前，弟弟装可怜，姐姐就给他做了一个蛋包饭。吃完饭，弟弟拿了两瓶奶，递给姐姐一瓶，说："你做的蛋包饭太好吃了，一点儿都不咸。"姐姐一拍脑门儿说："啊，我忘记放盐了……"

俩人不打架的时候，姐姐真的特别宠弟弟。姐姐放学后会专门绕到蛋糕店，给弟弟带一块蛋糕回家。回到家，兔姐给弟弟蛋糕的时候，乔治一本正经地说："姐姐，你太客气了，还给我个勺子，我舔就行了……”

当然，乔治也被姐姐拿捏得死死的。

姐姐说：“你不吃完饭，不许看电视！”乔治就乖乖吃饭了。

姐姐说：“要等所有人吃完，才可以开电视。”于是乔治只能老实等着。

姐姐有时候真比妈妈好使，乔治可不敢跟姐姐耍赖。

利益共同体

姐姐的笔袋有点小，我路过文具店时给姐姐买了一个DIY笔盒，顺便也给乔治买了个小恐龙。回到家，姐姐兴高采烈地拿卷子给我看：“妈妈你看，我得了一百分！”我把礼物分给姐弟俩，只见姐姐一边拼笔盒，一边教育弟弟：“乔治，以后不要打扰姐姐学习哟。你看，我得了一百分，你也有礼物。你要是来捣乱，我得不了一百分，你也没有礼物了。”

弟弟使劲儿点点头，嚼着薯条对姐姐说：“姐姐，你可要好好学习啊……”

其实姐弟俩在相处时特别明确自己的站队，他们知道在这个家庭公司里，他们俩是平等的“员工”，有着共同的“上司”。虽然偶尔会有“竞争”的危机，但是整体来说他们是一个利益共同体。

姐弟俩在家合伙开起了“家庭按摩店”

这不，为了早日购买上下床，姐弟俩在家合作开展了“家政”服务：洗碗、洗衣服。后来，姐弟俩甚至合伙开了个“家庭按摩店”，除了按摩、歌舞表演，还有住宿服务。于是，我们家就变成了他俩的旅馆，姐姐上学去了，打扫卫生、安排客户这些事就全权交给了乔治。俩人合作得非常愉快。

有时，俩人还会一起对付爸妈。有一次万圣节，姐弟两人身体都有点不舒服，然而生病了也要坚持挨家挨户地去讨糖。

不一会儿，两人带回来好多糖。我担心他们吃太多，想趁他们不注意藏起来一些，结果他俩异常机敏，愣是一起认真地数了一遍，一共155颗！

粗线条的姐姐和心思多的弟弟

姐弟俩性格特别不一样。

姐姐马琪朵属于女汉子那种类型，粗线条，脾气冲，刀子嘴豆腐心。姐姐发火的时候，弟弟都害怕，当然装淑女的时候，还是很文静的。

弟弟乔治心思细腻，爱操心，经常在后面追着我们喊："洗手了吗？关门了吗？口罩戴了吗？"睡觉前他会去检查门锁好了没，一肚子主意。

一天晚上，乔治想看平板电脑，就跟姐姐说："姐姐，我把妈妈让给你，陪你写作业。"

姐姐一下就识破了，说："你是不是想看平板电脑？没人管你，你就能偷偷看。"

弟弟说："不是啊，我就是爱你……"

弟弟除了主意多，还特别爱惹姐姐。他明知道姐姐生气的点在哪儿，还使劲儿拱火，导致姐姐先出手。事后，弟弟还教育她："不能先动手、先动嘴，谁先动，谁就理亏了。"

其实没有弟弟在，姐姐不闹腾，没有姐姐在，弟弟也挺好，凑一块就火药味十足，特别容易让人血压高。俩人好起来好得要命，打起来谁也不让。

这不，两人又打起来了——

姐姐的钢琴课快开课了，我问乔治："你想跟姐姐去学钢琴吗？还是学个其他的，散打或者跆拳道行不行？男子汉，可以更勇敢一点儿。"

"好！"他充满力量地大喊一声，感觉自己已经会了一样，"姐姐你以后不能打我了！"

说完，乔治就去单挑姐姐，拿了支笔把姐姐画的画给毁了。不一会儿就听见姐姐的"河东狮吼"："乔治，你干什么？！"乔治又被姐姐打了回来……

我发现，姐姐和弟弟的每日战斗，其实都是"为什么"开头的：为什么乔治可以看电视？为什么姐姐有画笔我没有？为什么姐姐可以玩电脑？为什么姐姐的汤圆比我的多？……这样的场景是不是似曾相识？

有一次姐姐还专门写了一篇日记《星星和月亮》，很明显那个星星就是乔治，月亮是她自己。

星星和月亮

很久很久以前，星星和月亮成了好朋友。星星叫安安，月亮叫娜娜。

一天，星星和月亮吵架了。他们都觉得自己很亮。月亮说：“我个头儿比你大，所以比你更亮。”星星说：“其实我比你更亮，你的光是反射太阳的光。”月亮一声没吭就跑回家了，星星也回家了。星星回到家就找关于月亮的书，自言自语道：“我找到了理论依据，这下就能说服月亮了。”次日，他们又见面了，星星说：“你虽然个头儿大，可并不是你更亮。”这时，月亮也想通了：“星星，我们继续做朋友吧，以后不吵架了！”

相爱相杀的姐弟俩，一起慢慢长大吧！

马琪朵第一次演讲告白

我最爱的弟弟

大家好！我叫马琪朵，是家里的大姐姐。3岁生日的时候，我许了一个愿望，我想要个弟弟叫乔治，要一个妹妹叫若依。后来我的愿望真的成真了一半。妈妈给我生了一个小弟弟，我非常高兴。

他还在妈妈肚子里的时候，我就给他买了好多玩具。他出生那一天，我去医院看他，还给他折了一架小飞机。他小小的，躺在小床里像只小耗子一样。妈妈抱起他我突然很生气，我也不知道怎么了，看见他喝奶我也要喝奶。妈妈给我喝了一口，好腥啊，一点儿也不好喝。

弟弟总是跟我抢妈妈，家里人都叫我醋姐，吃醋的醋。有了弟弟之后，我觉得家里都是酸酸的，像酸奶一样酸。

乔治就像一个小尾巴，我干什么他就干什么。

我们一起玩过家家，我当妈妈，他当宝宝；

他老假哭让我给他做意大利面吃；

我搭积木，他跑过来哗啦啦把所有积木都推倒了；

我弹钢琴，他跳舞；

我打鼓，他弹尤克里里。

前段时间，妈妈带我们去三亚玩，泳池边上，乔治拉着我说："姐姐，那边有水，小心！"

我上学了，弟弟跟奶奶去超市，每次都会买好吃的回来。到家后乔治都会说："姐姐，这是你的，这是我的。"

妈妈总说羡慕我，说我和弟弟是彼此最好的礼物，是陪伴时间最长的亲人。

我爱我的弟弟！

乔治是世界上最可爱的弟弟！

马丁说

我想问各位读者朋友一个问题：

以下哪种组合最和谐？是姐弟、兄妹、姐妹还是兄弟？

根据朋友圈的小范围调查，我得出以下结果：

兄妹组合是吵闹最少的，哥哥宽容，妹妹反倒厉害；姐弟组合属于姐姐霸道，弟弟“鸡贼”（我家就是如此）；姐妹组合叽叽喳喳，争吵不断；最惨的就是兄弟组合，拆墙打洞，六畜不安。

但无论哪种组合，有兄弟姐妹的日子肯定更幸福，也更丰富。父母除了守好“一碗水端平”的原则，应该适度放手，做好警察和法官的角色。“警察”的原则是“打人不打脸、不许说脏话”，在不伤害健康的前提下，让孩子们自己去争执，自然解决问题。“法官”的作用是在冲突升级到无法调和的地步时，做出裁决。

其实兄弟姐妹也是家里的育儿合伙人，他们之间的相处也有助于孩子养成健全的人格。愿所有孩子都能冲出家长的重围，多一些人生经历和体验。

独处：最好的专属时光

作为父母，除了养育孩子，我们本身也会遇到一些不如意的事情。工作上被领导批评了，总觉得自己受了委屈；生活中和朋友闹了矛盾，总认为是对方的错；一遇到大事，翻来覆去睡不着……

我们在教导孩子控制“情绪小怪兽”的同时，也应该学会调节自己的情绪，做好情绪管理。这绝不是让你单纯压抑自己，因为长期压抑情绪，容易带来身体上的疾病。生活中因为忍着不跟孩子发火、不跟老公生气，最后把自己气出乳腺结节之类大小病症的妈妈，不在少数。

兔兔奶奶是位医生，在家里奶奶常说的话就是：“什么年龄就要干什么年龄的事，该恋爱恋爱，该结婚结婚，该生娃生娃，该喂奶喂奶，这样做能够帮你自动迭代你的身体机能。当你觉得生活不如意，不能自己掌握的时候，也要能不生气就别生气，情绪是万恶之源，这也能避免很多不必要的病痛。”

这是专业医生给我们的忠告。现代社会，成年人的压力与日俱增，这时候越克制自己，反而越容易失控，而失控后的挫败感会让自己悔不当初，也会对孩子造成心理上的伤害。

独处：让身心安静下来

你喜欢独自一人吗？

记得曾在书中看到这么一句话："曾经我认为，孤独是世界上只剩自己一个人，现在我认为，孤独是自己居然就能成一

独处，是自我的升华，也是重新认识自己的机会

个世界。”

是的，当我们独自一人时，我们的身心会静下来，会在这个无比热闹的城市、车水马龙之间找到一片宁静的空间。独处，是心灵的回归。在自己一个人的世界里，我们可以冥想，可以反刍生活滋味，可以想象未来……

除了要工作、陪伴孩子之外，我们特别需要有自己独处的时间，自我调节，自我提升。

我是个安静又喜欢热闹的人，总喜欢有事没事约三五好友一起热闹热闹。有了孩子后，更是不定期地组织家庭派对，觉得日子就应该是热热闹闹的。

但是我更享受一个人的独处时光，即使什么都不做，发个呆也是极好的。当然，独处没有固定的时间和地点，不是说我要独处就得找一天或者几天时间出去玩。其实，只要当我们是一个人的时候，就可以好好利用这难得的专属时光。

比如，我特别享受兔姐和乔治晚上睡着后的那段时光，当孩子们进入梦乡，我觉得整个世界都是自己的。我可以敷个面膜、看个电影，或者翻两页书，感觉整个世界都慢了下来。

另外，在送兔姐上学后回到家，乔治还没起床的这段时间，也成了我专属的独处时光。在这三四十分钟里，我会在沙发上坐一会儿，翻翻手机、刷刷新闻，再想想今天一天需要做的事情，然后一一罗列出来记到手机的备忘录里。送乔治上学后，开车回来的路上也是我的独处时光，在车里我会听喜欢的歌或者有声书，没有了孩子在旁边叽叽喳喳的吵闹，心情会特别不一样。

兔爸和大多数爸爸一样，一上厕所，可以带着手机“独处”很久。到家之后在停车场也可以独处一会儿，回几条微信再回家。由于工作原因，兔爸有时候录节目会录到半夜，对于兔爸来说，后半夜就是他的独处时光，看看节目、电影，录短视频等都是在半夜进行的。

如果你看过兔爸的抖音短视频，如果仔细听，可以听到里面有鸟叫的声音，那就是半夜兔爸录视频把我们家养的鸟给吵醒了。

其实，独处的时间不一定很长，但是，即使是短暂的独处时光也可以让我们充充电，放松一下，用独处的点滴时光把自己安顿好，感受那份自在和轻盈，可以让我们找回内在的力量。

独处，是自我的升华，也是一个人重新认识自己的机会。无论是看一本书、听一首歌，还是想一件事、发一会儿呆，一个人的时候，最安静，也最自由。

如何调节自己的负面情绪?

管理好情绪，照顾好孩子，经营好家庭，是我们的责任。如何调节不良情绪，与差情绪好好相处呢？除了独处之外，还有一些其他方法。

1.心理上接纳

对于不良情绪，我们往往认为它是糟糕的，是不可以有的，因此选择否定、压制的居多。其实，不良情绪每个人都会有，而应对不良情绪的第一步，就是要在心理上无条件地接纳它，把能量用于适合自己的表达方式，学会拥抱情绪。

2.行为上积极转移

我们可以找空间独处，还可以通过相应的动作比如倒立、深呼吸等方法调节情绪。如果你感到压力大或者紧张焦虑，可以试试“456”呼吸法：首先闭上嘴巴，用鼻子吸气，默数4拍；然后屏住呼吸，默数5拍；最后呼气的同时默数6拍。如此重复至少3次，花费时间不到2分钟。

此外，可以采用转移注意力的方式，找朋友倾诉，看个电影，打一场球、睡一觉都是可以的。

3.语言上正确表达

这里要注意，表达诉求时，要就事论事，不要不停地抱怨。另外，表达时多用“我”开头，少用“你”开头。

愿所有父母都能调节好自己的情绪，给孩子一个平和稳定、温暖有爱的家。

马丁说

家家需要设立爸爸带娃日

“男主外，女主内”还是主流，有些爸爸的独处时间不是太少，而是太多，主要浪费在手机和游戏上。妈妈的独处时间不是太多，而是太少，身心疲惫，迷失自我。

所以讲到享受宁静，调节情绪，最重要的事情就是每月至少解放妈妈一天，确定一个爸爸带娃日，妈妈爱干吗干吗，等同于休假，增强父亲养育的责任感。

说起来容易，做起来难！我一个人带姐弟俩，实在是手足无措，最后找到两个解决方法，分享给大家：一个是运动，一个是逛街——带他们打球、游泳，或者买好吃的、买礼物。

看到这里，请马上制订计划，确定你们家的爸爸带娃日，试试那种酸爽又奇妙的感觉。

陪兔兔在公园里滑滑板

第六章 家庭需要仪式感

兔爸准备的“520”鲜花，腊八节当天特意熬制的腊八粥，每周一次的餐桌会议，每年一次的家庭旅行……生活中的小小仪式感，是父母送给孩子最温暖的爱和礼物。

每周一次的餐桌会议

我们家平常吃饭，就像吃“流水席”一样，会分好几波吃——兔兔放学早，回家就喊饿，于是兔兔放学到家就先吃饭，吃完饭再写作业。然后是我和乔治，兔爸一般到家比较晚，所以吃饭更晚。

为了弥补这种遗憾，我们基本上每周都会有个固定时间，全家一起吃顿饭，也是我们家的例行“餐桌会议”。我会提前和兔爸、两个孩子约定好时间，我们也会提前准备本次餐桌会议的主题，例如烛光晚餐、一周开心事、问题纠错、商议家庭大事……

每次到了餐桌会议时间，兔姐和乔治都非常期待，兔姐也会提前准备，比如做个蜂蜜柚子茶，做些小饼干，烤点蛋挞等。

有时候，我们也会开早餐会，一大早起来趁全家人都在的时候一起吃早餐。在阳台上铺个漂亮的小垫子，当清晨的阳光透过窗户照进来，心情会特别好，感觉能量满满。这样的早餐会让孩子放松下来，然后在孩子放松的时候和孩子沟通事情，孩子也会更容易接受……

其实，作为父母，在陪伴孩子的过程中需要花点小心思。利用每次餐桌会议，我们不仅能加强彼此的沟通，也可以让孩子一起参与到家庭事务中，让孩子也感受“当家做主”的感觉，做一次家庭事务的决策者和规则制定人。

马丁说

没有什么家庭矛盾是一顿饭不能解决的，实在不行就两顿饭。

适当减少外面的饭局，增加家庭的聚会次数。最重要的一点是不能闷头吃，一定要说话。每个人平等发言，让孩子成为“圆桌骑士”。

爱，就是一起吃很多很多顿饭

每月一次的家庭派对

我们家经常会举办一些家庭派对，每个人都要表演节目，比如兔姐和乔治可以展示最近新学会的课文或者故事，表演刚学会的歌曲、舞蹈或钢琴曲等。

孩子们非常喜欢这种家庭派对。每次开始之前，兔姐都会提前把她自己的漂亮裙子、水晶鞋等找出来换上，而且和弟弟提前研究节目单、准备主持词。一般来说都是弟弟当主持人，姐姐来串场。

家庭派对节目单

节目1：乔治歌唱表演

节目2：姐弟合唱

节目3：姐弟歌伴舞

……

我们的家庭派对，主角基本上就是兔姐和乔治。当然，我们也会时不时地出来露个脸表演个小节目。比如作为兔姐和乔治专属钢琴学生的奶奶，也会被要求上台展示他们二人的教学成果：钢琴曲《欢乐颂》——这是奶奶花了好几千元学会的唯一一首钢琴曲。

除了一个月一次的家庭派对，有时候我们在重要的节日也会组织大型家庭聚会。这个聚会由两部分组成：大人们负责下厨准备餐食，所有的孩子准备家庭派对的节目。比如说圣诞节派对、元旦跨年派对、生日派对等，甚至我们家每次有亲朋好友来的时候，也都会组织一个派对。

当然，派对的组织者都是这些孩子，主要策划人就是兔姐。孩子们一来，就和兔姐开始准备、策划、编排晚上的家庭派对节目单。通过搭建展示自己的小舞台，孩子们不仅组织能力有所提高，更增强了自信心、想象力和创造力。每一次的家庭派对都像模像样，精彩纷呈。

给孩子设立一个小舞台

舞台对于孩子来说特别重要，既能锻炼能力，又能获得成就感。这是他们最开心的社会实践活动。其实每个孩子都渴望被看见，孩子们日常学习的那些才艺才有大方施展的空间。

跨年派对的即兴舞蹈

特色生日派对

日常家庭派对

马琪朵第一次登台演讲

马丁说

派对就是社交，让孩子从小拥有与他人共处的良好能力。设定什么主题，表演什么节目，给家人朋友准备什么礼物，怎样保证派对顺利进行，都是锻炼孩子组织行为能力的最好实践，能在潜移默化中解决家长担心的孩子害羞、胆小、话少、不敢面对公众的教育焦虑。

每年一次的全家放风日

带着宝宝去旅行，是一件远没有想象中恐怖的事，其实只是比大人稍微麻烦一点点，旅行的乐趣却是加倍的。六个月大的兔兔就跟着我们到处跑，虽然老人总觉得带这么小的宝宝出门太折腾，那么小可能都不会记得发生了什么，但对于我们都是美好的回忆，收获的永远比付出的要多得多。

现在有那么多网红打卡地，难免有一些会让你失望，但是，被联合国教科文组织列入《世界遗产名录》的地方一定不会让你失望。迄今为止申请成功的，咱们中国一共才56处，包括：泰山、黄山、峨眉山、武夷山、大足石刻……这些地方都值得你驻足三日，流连忘返。

自从有了娃之后，我们的旅程，从两个人变成了三个人、四个人、一家人……去看过了交河故城的文明，触碰了莫高窟千年的文化，在西双版纳感受了傣族人家的热情，普吉岛上缓缓落入地平线的夕阳、马来西亚红树林里星光闪闪的萤火虫……它们都定格在我们的记忆里，成为我们与家人最美好的礼物。

我们走过的旅程

新疆交河故城

敦煌莫高窟

在三亚，乔治弟弟带着我们跳啦啦操

八月十六，满月照亮了无锡拈花湾

西双版纳，自己摘的菠萝格外甜

乌兰布统草原上成群的马匹

新加坡，兔姐在学鱼尾狮喷水

泰国普吉岛，和姥姥姥爷奶奶一起过春节

马来西亚

在日本奈良喂小鹿，兔姐被吓得不敢乱动

带娃旅行的经验分享

关于宝宝装备

妈咪包：小宝宝一定需要这些东西的，大宝宝就会省事许多。保温杯、塑料碗勺、纸尿裤、干湿纸巾、免洗洗手液、零食、围嘴、一套替换内衣、宝宝最爱的玩具和书。

沐浴：擦脸油、身体乳、沐浴露、浴巾、小毛巾、防晒霜。

药包：温度计、退烧药、益生菌、驱蚊水。

衣物：按照出行天数准备应季衣服及纸尿裤。

睡觉：睡衣、睡袋、毯子。

关于饮食

食物：奶粉、辅食罐头、胡萝卜泥、牛肉泥等。（小宝宝的配置）

零食：饼干、小肉肠、泡芙。

诀窍：去国外，意大利面是比较好的选择；国内，粥面都可以。只需告诉餐厅，食物煮软一点儿，少油少盐，不要辣椒、胡椒，再来一份鸡翅就可以让宝宝安静到你把饭吃完，如果孩子大一点儿吃饭问题就更好解决了，基本上大人吃啥娃吃啥。

关于婴儿车

五岁以下的宝宝，如果有午睡习惯，建议把婴儿车带着。带便捷式的婴儿车即可，不占地方，很多时候这辆婴儿车都会变成货车，用来放衣服、包包以及购买的东西。

关于出行

不论是自驾还是火车、飞机，孩子的安全永远是第一位的。系好安全带，给孩子强化安全意识特别重要。

飞机上的安全带：两岁以内的宝宝，飞机上通常会提供一条宝宝安全带，连接成人安全带之后再围绕在宝宝腹部，起飞和降落前，都必须系好安全带，把宝宝抱好。

舒适度：起飞和降落前给宝宝喝奶或者喝水，或者使用安抚奶嘴，只要有吞咽动作，就会大大减轻气压导致的不适，不必担心对宝宝身体有影响。

出行时间：在选择出行时间时，我通常会选宝宝午睡前的时间，宝宝在飞机上能安静地睡一觉，对大人来说就是一件特别幸福的事。马琪朵是典型的上机睡觉、下机玩闹，至少在飞机上没有让我崩溃。

关于住宿

酒店预订：很多酒店可以提供儿童加床服务，预订酒店的时候可以问一句。

如果是家庭出行，我们更喜欢住民宿，会更加方便。

关于拍照

一定要拍照：宝宝的任何状态都是美丽的瞬间，每一次快门之后就又长大一点儿，记录比技术更重要。

马丁说

全家去旅行累不累？累。值不值？超值！

我听过一种挺流行的观点：“娃娃那么小，带他去哪里都是浪费，反正他也不记得。”

我的回答是：“任何一个人都由身体和灵魂组成，而有趣的灵魂就来源于他读过的书、走过的路、受过的教育，见过的人和世界。娃娃可能确实不记得，但你一定要相信潜移默化、耳濡目染的力量。”

每年一次的全家福

大北照相馆，北京前门历史悠久且最有特点的景点之一。在这里，我们每年都会带马琪朵去拍一张生日照，有了乔治之后，由一年去一次，变成了一年去两次，每年都会拍一张全家福，也给姐姐和弟弟留下长大的印记。

2017年

2018年

2021年

2022年

2019年

2020年

匆匆的时光，每一天都是你赠予的礼物！

后记　中国式父亲的甘与苦

电影里曾看到这样的镜头：

老人坐在夕阳下，望着远处的风景，回忆这一生的故事。

用文字把故事记录下来，就会让我们生活中点点滴滴的幸福不只是在我们垂垂老矣的时候停留在脑海里。人类所有美好的故事，也是通过这种记录的形式传承下来的，不会因为人的变故或逝去，思想就消失了。

苏格拉底曾经说过：“未经审视的人生不值得一过。”写这本书，也是我们对自己这十年育儿时光的一个审视，以便我们未来可以做更好的父母。

回看这几年的时光，因为孩子们的到来，让我有了重新审视自己，更加了解我的妻子的机会。我非常感谢我的妻子和孩子们，他们让我的人生更加饱满，给我的人生增添了很多色彩。

我一直觉得兔妈是个文文静静、需要呵护的小女孩，但是有了孩子后，她变成了一个坚韧的母亲。我很感谢我的妻子。

我看着她承受了生育之苦，也看着她因为怀二宝，落下腿疼的毛病却无怨无悔。我记得自己在仅仅带过一天孩子后，就觉得要累崩溃了，我在自己带孩子的过程中，也体会到女性的不容易，母亲的辛苦。身为父亲，我要学习的东西还有很多……

在成长过程中，我们总会留下这样那样的遗憾，但是在陪伴孩子成长的时光中，我发现很多童年的遗憾又可以有机会弥补。比如在陪伴孩子读书、写作业时重温数理化，带孩子运动的同时，自己也开始养成健康的生活习惯，等等。我的生活中，开始充满了治愈。

我想对兔兔和乔治说：

"谢谢你们选择我们做你们的父母，我们感觉非常幸运和幸福，在你们成长的过程中，我们会尽全力给你们营造一个健康的环境，我们不一定会给你们很多物质享受，买昂贵的礼物，让你们衣食住行有多么豪华，但是我们会尽全力陪你们读书，给你们讲故事，然后带你们出去旅行，让你们知道什么是善良，什么是宽容，什么是帮助他人，让你们成为一个自由、健康且愿意分享的人。这就是我们愿意为之努力奋斗的目标。因为你们的到来，我再一次成长起来，这一次的成长，是陪伴着你们成长，是和你们一起成长。我在这个过程中，体会到了温馨快乐，体会到了父亲这个角色的甘与苦，我甚至觉得自己好像重新活了一遍。"

人生，就像在做一个拼图，你的生活，因为有各个板块的内容而变得生动有趣。我们常说的“读万卷书，行万里路”，其实就是让你的人生拼图变得更有广度和深度。

我衷心地希望这本记载着我们真实故事的书，也成为你人生拼图中有点意思也有意义的小板块。

我做过一篇演讲叫《中国式父亲》，讲述的是我和爸爸之间的故事。感谢父母，感谢生命，让我也成为一个中国式父亲。我很高兴，也很珍惜！

2022年12月